기측체의

기 철학과 서양 과학의 행복한 만남

청소년 철학창고 30

기측체의 기 철학과 서양 과학의 행복한 만남

초판 1쇄 발행 2012년 2월 10일 | 초판 2쇄 발행 2021년 2월 22일

풀어쓴이 이종란
펴낸이 홍석 | 기획 채희석 | 이사 홍성우
편집 유남경 | 표지 디자인 황종환 | 본문 디자인 서은경
마케팅 이가은·이송희·한유리 | 관리 김정선·정원경·최우리·홍보람
펴낸곳 도서출판 풀빛 | 등록 1979년 3월 6일 제8-24호
주소 03762 서울시 서대문구 북아현로 11가길 12 3층
전화 02-363-5995(영업), 02-362-8900(편집) | 팩스 070-4275-0445
홈페이지 www.pulbit.co.kr | 전자우편 inmun@pulbit.co.kr

ISBN 978-89-7474-571-4 44150
ISBN 978-89-7474-526-4 44080 (세트)

이 도서의 국립중앙도서관 출판예정도서목록(CIP)은 서지정보유통지원시스템 홈페이지(http://seoji.nl.go.kr)와
국가자료공동목록시스템(http://www.nl.go.kr/kolisnet)에서 이용하실 수 있습니다. (CIP제어번호: CIP2012000347)

기측체의

기 철학과 서양 과학의 행복한 만남

최한기 지음 | 이종란 풀어씀

'청소년 철학창고'를 펴내며

　우리 청소년이 읽을 만한 좋은 책은 없을까? 많은 분들이 이런 고민을 하셨을 겁니다. 그러면서 흔히들 고전을 읽어야 한다고 합니다. 하지만 서점에 가서 책을 골라 보신 분들은 느꼈을 겁니다. '청소년의 지적 수준에 맞춰서 읽힐 만한 고전이 이렇게도 없는가.'라고.

　고전 선택의 또 다른 어려움은 고전의 범위가 매우 넓다는 것입니다. 청소년 시기에는 시간과 능력의 한계 때문에 그 많은 고전들을 모두 읽을 수 없습니다. 그렇다면 어떤 책을 읽어야 할까요?

　이런 여러 현실적인 어려움을 고려해 기획한 것이 풀빛 '청소년 철학창고'입니다. '청소년 철학창고'는 고전의 핵심이라 할 수 있는 '철학'에 더 많은 무게를 실었습니다. 그 이유는 무엇일까요?

　사람들은 일반적으로 철학을 현실과 동떨어진 공리공담이나 펼치는 학문이라고 생각합니다. 하지만 철학적 사고의 핵심은 사물과 현상을 다양하게 분석하고 종합해서 그 원칙이나 원리를 찾아내는 것입니다. 그래서 철학은 인간과 세상에 대해 깊이 있게 생각하고, 논리적으로 종합하는 능력을 키워 줍니다. 그런 만큼 세상과 인간에 대해 눈떠 가는 청소년 시기에 정말로 필요한 공부입니다.

하지만 모든 고전이 그렇듯이 철학 고전 또한 읽기가 쉽지 않습니다. 그래서 '청소년 철학창고'는 청소년의 눈높이에 맞추기 위해 선정에서부터 원문 구성에 이르기까지 많은 노력을 기울였습니다.

첫째, 책을 선정하는 과정에서부터 엄격함을 유지했습니다. 동양·서양·한국 철학 전공자들이 많은 회의 과정을 거쳐, 각 시대마다 동서양과 한국을 대표하는 철학 고전들을 엄선했습니다. 특히 우리 선조들의 사상과 동시대 동서양의 사상들을 주체적인 입장에서 비교하고 검토할 수 있도록 했습니다.

둘째, 고전 읽기의 참다운 맛을 살리기 위해 최대한 원문을 중심으로 구성했습니다. 물론 원문 읽기의 어려움을 해결하기 위해 새롭게 번역하고 재정리했습니다. 그리고 청소년이라면 누구나 어렵지 않게 읽으면서 고전이 주는 의미와 내용을 이해할 수 있도록 설명을 덧붙였고, 전체 해설을 통해 저자의 사상과 전체 내용을 다시 한 번 정리해 주었습니다.

마지막으로 쉬운 것부터 읽기 시작해 점차 사고의 폭을 넓혀 가도록 난이도에 따라 세 단계로 구분했습니다. 물론 단계와 상관없이 읽고 싶은 순서대로 읽어도 됩니다.

우리 선정위원들은 고전 읽기의 진정한 의미가 '옛것을 되살려 오늘을 새롭게 한다(溫故知新).'는 데 있다고 생각합니다. '청소년 철학창고'를 통해 자라나는 청소년들이 인간과 사물에 대한 깊은 통찰력을 키워, 밝은 미래를 열어 나갈 수 있기를 진정으로 바랍니다.

2005년 2월

선정위원　　허우성(경희대 교수, 동양 철학)　　　윤찬원(인천대 교수, 동양 철학)
　　　　　　정영근(서울산업대 교수, 한국 철학)　　허남진(서울대 교수, 한국 철학)
　　　　　　이남인(서울대 교수, 서양 철학)　　　　한자경(이화여대 교수, 서양 철학)

들어가는 말

　사람이 태어나서 몸이 자라는 것과 똑같이 마음이 자라는 것도 매우 중요합니다. 몸은 자라는데 마음이 자라지 않는 사람이 있다면, 그것은 분명 마음에 장애가 있는 사람으로, 훗날 인간답게 살기가 어렵게 됩니다. 몸이 성장하려면 영양분이 골고루 들어 있는 음식을 먹고 운동을 하며 적당한 휴식을 취해야 합니다. 그렇다면 우리의 마음은 어떻게 해야 자랄까요?

　몸이 음식과 운동을 바탕으로 자라듯 마음 또한 경험이라는 음식과 생각이라는 운동을 통해서 자랍니다. 우리가 몸에 좋고 해롭지 않은 음식을 먹어야 건강하게 자라듯, 우리의 마음도 좋은 경험을 쌓고 올바른 생각을 해야 바르게 자랍니다. 그래서 여러분들은 지금 '경험'과 '생각'이라는 이 두 가지 화두를 가지고 여행을 떠나게 됩니다. 바로 이 책을 통해서 말입니다.

　《기측체의》는 조선 후기 철학자 최한기가 34세인 1836년에 한국인으로서 이례적으로 중국 북경에서 펴낸 책입니다. 이 책은 《신기통》과 《추측록》이라는 두 종류의 책을 하나로 묶은 것인데, 《신기통》은 우주의 본질인 신기(神氣, 생명의 근원이 되는 물질 또는 인간의 마음)와 그 신기를 가진 사물들, 그리고 특히 인간이 어떻게 자신의 밖에 있는 사물들을 아느냐 하는 문제를 다룹니다. 그래서 책 이름도 '신기통'이며 경험을 비중 있게 다루고 있습니다. 《추측록》은 앞에서 경험한 내용을 가지고 어떻게 추측해서 아느냐 하는 인식의 문제를 다룹니다. 그래서 '추측록'이란 이름이 나왔습니다. 이 책에서는 대상을 추론하는 방법을 깊이 있게 논의하고 있습니다.

따라서 이 책《기측체의》는 어떻게 경험하느냐 어떻게 생각하느냐 하는 문제를 중점적으로 다뤘을 뿐만 아니라, 이 세상의 근원이 되는 신기(氣)에 대해서도 밝혀 놓고 있습니다.

이 책은 최한기의 초기 철학을 대표하는 저술입니다. 그리고 이 책을 쓴 뒤에 더 많은 책을 저술했습니다. 그럼에도 불구하고 이 책은 그의 전체 철학의 핵심을 담고 있습니다. 후기에 약간 수정이 되기도 했지만 철학의 기본 틀은 모두 이 책 속에 들어 있다고 봐야 합니다.

특히 여기서 다루는 주제는 동서양의 철학을 두루 공부한 다음 이를 종합했기 때문에 다른 한국 철학자들의 저술과 비교가 안 될 정도의 깊이를 갖고 있습니다. 이런 까닭에 그의 철학적 특징은 전통 철학을 과학적인 입장에서 발전시킨 것이어서 그의 저서인 《기측체의》는 고전으로서 인정되고 있습니다.

《기측체의》가 여러분들이 읽을 수 있도록 쉽게 출간되는 것은 이 책이 처음입니다. 그리고 모든 내용을 다 옮겨 실으려면 이 책 한 권으로는 턱없이 부족하기 때문에 원저작의 순서를 따르지 않고 중요하고 핵심이 되는 내용만 분류하여 주제별로 모아서 옮겼습니다. 철학적인 주제를 다루는 내용이므로, 가능한 쉽게 풀려고 노력은 했습니다만, 다소 어려운 부분이 있을 것입니다. 그래서 용어 해설을 덧붙여 쉽게 풀어썼습니다.

아무쪼록 이 책을 통해 여러분들의 세상을 바라보는 시각이 더 넓고 깊어진다면, 옮긴이로서 큰 보람이라 여기겠습니다.

2012년 2월
이종란

- '청소년 철학창고'를 펴내며 _ 5
- 들어가는 말 _ 7
- 《기측체의》의 이해를 돕는 길잡이 _ 10

제1장 이 세상은 어떻게 이루어져 있나? _ 28
1. 우주와 인간의 본질 _ 30
2. 자연현상과 그 법칙 _ 43
3. 인간이란 무엇인가? _ 57
4. 지구와 우주 _ 71

제2장 우리는 세상을 어떻게 아는가? _ 86
1. 앎과 경험 _ 88
2. 감각적 경험 _ 101
3. 사유와 추론 _ 114
4. 법칙과 관념 _ 125
5. 검증 _ 135

제3장 우리는 어떻게 살아야 하나? _ 146
1. 참된 학문을 향해 _ 148
2. 자연과 인간의 관계 _ 158
3. 변통(變通) _ 165
4. 소통과 열린 세계 _ 171

- 《기측체의》, 기 철학을 통해 서양 과학과 조화를 꿈꾸다 _ 184
- 혜강 최한기 연보 _ 216

《기측체의》의 이해를 돕는 길잡이

1. 이 책에 등장하는 인물 해설

(※가나다순으로 정리)

공자(孔子, 기원전 551~기원전 479)

중국 춘추 시대의 노나라의 사상가. 이름은 구(丘), 자는 중니(仲尼)로 유학의 창시자다. 그는 최고의 덕(德)을 인(仁, 어짊)으로 보고 '극기복례(克己復禮)', 즉 "자기 자신의 이기심을 이기고 예(올바른 규범)에 따르는 삶"을 살 것을 주장했다. 그는 주나라 초기 문왕과 무왕, 주공 시대의 문물을 이상적으로 보았으며, 춘추 시대의 혼란을 잠재우기 위해서는 그때의 예법으로 돌아가야 한다고 주장했다.

도덕적으로 각성한 군자가 사회를 경영하는 문명국가를 꿈꾸었으며 자기의 뜻을 펼치려고 천하를 유람했으나 뜻을 이루지 못하고 만년에는 고전을 편찬하고 교육에 힘쓰면서 여생을 보냈다.

맹자(孟子, 기원전 372~기원전 289)

　중국 전국 시대의 추나라의 사상가로 이름은 가(軻), 자는 자여(子興)다. 공자의 사상을 이어 인(仁)과 의(義)를 강조했다. 주요 사상에는 성선설과 역성혁명 사상, 그리고 민본주의가 있다. 그의 말과 행동을 모아 적은 책이 《맹자(孟子)》며 유교 경전의 사서 가운데 하나다. 맹모삼천지교나 맹모단기의 고사가 널리 알려져 있다.

주공(周公, 기원전 ?~기원전 ?)

　중국 서주(西周)를 세운 문왕의 아들이며 무왕의 동생이다. 서주 초기 주나라 문물의 기초를 세운 인물로 유교에서 성인으로 받들고 있다. 공자 또한 그를 매우 존경했는데 우연의 일치지만 주공은 공자가 태어난 노(魯)나라의 제후로 봉해진 인물이기도 하다.

주자(朱子, 1130~1200)

　중국 남송 때의 철학자로서 이름은 희(熹)며 호는 회암(晦庵), 자는 원회(元晦)다. 북송 시대부터 시작된 유학에 대한 새로운 이론인 성리학을 집대성했으며 그의 이름을 따서 성리학

을 주자학이라고도 한다.

그의 이론은 사물의 존재에 대한 설명인 이기론(理氣論)과 인간 존재에 대한 도덕적 설명인 심성론(心性論), 그리고 완성된 인간으로서의 성인(聖人)이 되는 길을 설명하는 공부론(工夫論)으로 구성되어 있으며 그의 학문은 조선 시대 주류를 이루게 된다.

2. 이 책에 등장하는 용어 해설

(※가나다순으로 정리)

경험(經驗)

눈·귀·코·입·피부 등을 통하여 우리 몸 바깥에 있는 여러 정보를 받아들여 마음속에 기억하는 일로, 경험에는 여러 종류가 있다. 사물의 모양이나 색깔, 소리 등을 직접 눈으로 보거나 귀로 듣는 것과 같이 오감으로 느끼는 감각 경험이 있고, 독서나 다른 사람의 설명을 듣고 간접적으로 받아들이는 간접 경험도 있다.

기(氣)

최한기 철학의 중심 주제로 동양의 전통 철학에서 기란 우주 만물이 생기는 바탕을 말한다. 또 기는 에너지나 힘 또는 물질 운동을 일으키는 근원도 된다.

따라서 기는 물질의 가장 작은 기본 단위와 비슷한 개념이다. 그러나 이 기는 우리가 과학에서 말하는 산소나 수소 같은 원소 개념이라 보기도 어렵고 전자나 쿼크(양성자, 중성자와 같은 소립자를 구성하고 있다고 생각되는 기본적인 입자)나 글루온(쿼크 사이에 강한 작용력을 매개하는 입자)이라고 말하기도 어렵다. 물론 이것들도 기라는 범위 안에 포함되지만, 기는 물질을 이루는 최소 단위임과 동시에 항상 존재하는 물질의 근원을 말하는 철학적 개념이다.

기는 항상 어디서나 존재하는 것이기 때문에 없어지거나 생기는 것이 아니라, 다만 모여서 물건을 이루기도 하고, 물건에서 흩어져 본래의 기로 돌아가기도 한다. 또 모이지 않는 기도 있다.

따라서 이 세상에 존재하는 모든 것은 우주에 흩어져 있는 기, 물건 그리고 물건 속에 들어 있는 기, 이렇게 세 종류뿐이다.

《논어(論語)》

공자와 그의 제자들의 말과 행동을 적은 책으로 정확히 누가 엮었는지는 알 수 없다. 유교의 핵심 사상이 들어 있는 경전으로 사서(四書) 가운데 하나다.

사서는 《대학》, 《논어》, 《맹자》, 《중용》인데, 중국 남송 때 주자가 《논어》, 《맹자》에 《예기》에 있던 《대학》과 《중용》을 따로 떼어내 해설을 붙여 네 가지 책으로 만든 것이다.

《대학(大學)》

유교 경전의 사서 가운데 하나로 공자의 제자인 증자(曾子)가 편찬한 것으로 알려져 있지만 정확히 누가 편찬했는지는 알 수 없다. 원래《예기(禮記)》의 한 편이었지만 따로 떼어내어 독립된 책으로 엮어졌다. 유교의 학문 방법과 그 목표와 목적을 다루고 있다.

리(理)

동양 철학에서 기와 짝을 이루는 개념이다. 학파마다 리를 보는 관점이 조금씩 다르다. 성리학자들은 이 세상 만물이 모두 리와 기로 이루어져 있다고 보았는데, 이때 리는 만물의 이치나 원리, 인간에게 있어서는 윤리를 가리킨다. 보통 천리(天理)라고 부른다.

가령 볍씨를 이루고 있는 알맹이와 껍질은 기(氣)지만, 봄에 씨를 뿌리면 새 생명이 싹트는 원리는 리다. 또 계란을 이루고 있는 것은 기지만 어미 닭이 알을 품으면 병아리가 나오는 것은 리 때문이라고 한다. 성리학자들은 이렇게 리와 기가 두 개의 존재면서 동시에 한 물건 안에 들어 있다고 보았다.

그러나 최한기는 리가 스스로 있는 것이 아니라, 기로 이루어진 물건이 있기 때문에 리가 있는 것이므로 어디까지나 리를 기의 속성 또는 법칙으로 보았다. 가령 앞의 볍씨에서 알맹이와 껍질이 없으면 새 생명인 싹도 생겨날 수 없기 때문에, 기로 이루어진 물건이 없으면 리도 없으니, 리는 기에 속한 성질이라고 본 것이다.

몽기(蒙氣)

최한기는 기의 탁한 찌꺼기를 몽기라 했는데, 몽기는 몽포지기(蒙包之氣)의 준말로, 지구를 둘러싼 오늘날의 대기를 말한다. 즉, 우리 인간이나 지구상의 물건을 둘러싸고 있는 공기로서 비가 오거나 눈이 오는 등 기후 변화가 일어나는 지구의 대기다.

성(性)

동양 철학에서 성은 원래 인간의 성품을 말하는 데서 출발했다. 맹자가 사람의 성품을 본래 착하다고 보는 성선설이나, 순자가 악하다고 보는 성악설을 말할 때 이 성(性)을 썼다.

성은 본성은 말하며 어떤 사물이 그 사물답게 되는 그 무엇이라는 의미로 사용되었다. 따라서 사람에게는 사람의 본성이, 개에게는 개의 본성이, 말에게는 말의 본성이 있다고 보았다.

그런데 최한기는 성에 대해 이런 전통적인 개념을 이어 가면서 사물이 지닌 개별적인 성질 개념도 포함시켰다. 그래서 사물의 성질에는 공통점과 차이점이 있으므로 공통점을 중심으로 말하면 본성이 같다고 하고 차이점을 중심으로 말하면 본성이 다르다고 보았던 것이다.

성리(性理)

성리학에서 성리는 인간의 본성과 천리를 말하는데, 성즉리(性卽理)라고 하여 본성이 곧 하늘의 이치[天理]라는 뜻으로 사용되었다.

그러나 최한기에게 성리는 사물의 자연법칙을 말한다. 예를 들어 바람은 고기압에서 저기압으로 불고, 물은 0℃에서 어는 성질이 있는데, 이러한 자연법칙을 성리라고 보았다.

성리학(性理學)

중국 북송 때의 새로운 유학 전통을 이어 남송 때 주자가 새롭게 해석해 완성한 학문으로 일명 주자학이라고도 한다. 성리학은 인간의 본성이 불변하는 하늘의 리[天理]라는 성즉리(性卽理)의 논리를 내세웠다.

성리학은 만물이 리(理)와 기(氣)로 이루어져 있다고 보면서도 리를 중시했는데 여기서 말하는 리는 사물의 법칙이라기보다 인간의 윤리를 말하는 것이었으며 조선 시대에는 이 성리학을 기반으로 사회제도나 예법을 만들어 나라를 다스렸다. 따라서 당시 조선 사회에서는 리를 강조한 성리학이 주류를 이루었다.

신기(神氣)

기(氣)를 달리 부르는 말로 최한기에게 이 신기는 두 가지 의미로 쓰인다. 하나는 보통의 기처럼 모든 만물 속에 들어 있거나 만물의 바탕이나 생명의 근원이 되는 물질이라는 뜻이고 또 하나는 인간의 마음이란 뜻이다.

최한기 후기 저작에서는 오로지 인간의 마음을 가리킬 때만 사용되었다. 이 신(神)자를 기(氣)자 앞에 붙인 것은 기의 오묘한 조화나 능력을 표현하기 위한 것으로, 기의 정화(精華, 정수가 될 만한 뛰어난 부분)를 가리킨 말이다.

신기통(神氣通)

최한기가 지은 책 이름이면서 동시에 사물들이 제각기 갖고 있는 신기가 서로 소통한다는 의미를 지닌다. 또한 신기가 서로 통한다는 말은 서로 알게 된다는 뜻으로도 쓰인다.

특히 인간에게 있어서는 자신의 마음인 신기로서 바깥 사물을 안다는 뜻도 된다. 모든 사람은 제각기 신기를 가지고 있기 때문에 소통될 수 있다고 보았다. 그래서 일반적으로 신기통이란 인간의 마음이 밖의 사물과 통하는 것, 다시 말해 사물을 알아 가는 과정을 말한다.

변통(變通)

잘못 알고 있는 것을 제대로 된 앎을 가지고 고치는 것, 시대에 뒤떨어진 제도나 법도를 시대의 흐름에 맞게 고치는 것, 자연적 질서에 맞지 않는 인간의 여러 제도를 자연적 질서에 맞게 고치는 것을 말한다.

양명학(陽明學)

명나라 중기에 왕수인(王守仁, 1472~1528)이 창시한 유학의 한 갈래로 그의 호를 따라 양명학이라 부르는데, 주자학에 대한 회의가 원인이 되어 등장하게 되었다. 양명학은 인간의 양심에 해당하는 양지(良知)를 강조했다. 그래서 '인간의 마음이 곧 천리'라는 심즉리(心卽理) 논리를 폈다. 그렇기 때문에 인간이 착한 사람이 되기 위해서는 일상생활 속에서 실천을 통해 자신의 마음을 잘 밝혀야 한다고 왕수인은 주장했다.

그리고 양명학은 앎과 실천이 하나라는 지행합일을 강조했으며, 한국·중국·일본 사상사에 커다란 영향을 주었다.

유행지리(流行之理)

최한기가 리(理)에 대한 개념상의 혼란을 피하기 위해 사물의 법칙 또는 자연의 원리를 말할 때만 사용하는 말로, 특히 성리학에서 말하는 리와 자신이 말하는 리를 구별하기 위해 독특하게 사용한 용어다.

그가 말하는 성리도 이 유행지리와 같은 말이다. 유행지리는 가령 따뜻한 공기는 상승하고 차가운 공기는 하강하는 것이나, 기온이 영하로 내려가면 물이 얼음으로 변하는 것과 같은 자연법칙을 말한다.

최한기는 유행지리가 인간의 의지나 능력으로 어떻게 할 수 있는 대상이 아니므로 인간은 그 법칙을 이용하거나 따라야 한다고 보았다.

인도(人道)

자연의 길을 천도라 부르고 인간의 길을 인도라 부른다. 곧 자연과 대비되는 인간의 모든 사회 제도와 윤리 도덕 등의 법도를 말한다. 최한기는 자연에 대한 인간의 독립성을 인정하면서도 궁극적으로 인간은 자연의 길인 천도를 따라야 한다고 주장했다.

정(情)

동양 철학에서 보통 인간의 감정을 나타내는 기쁨·성냄·슬픔·즐거움·사랑·미움·욕구 등의 일곱 가지 감정이 여기에 해당된다. 또 성리학에서 성(性)이 발현하여 나타나는, 불쌍히 여기는 마음, 부끄러워하는 마음, 사양하는 마음, 옳고 그른 것을 가리는 마음 등의 네 가지 착한 마음도 일반적으로 이 정(情)에 해당한다고 여긴다.

최한기도 이것을 그대로 계승하지만 더 나아가 물건에도 정이 있다고 보고 사물의 성질을 말할 때도 이 용어를 사용했다.

《주역(周易)》

원래 《주역》은 중국 고대에 점치는 데 쓰는 책이었다. 하지만 단순히 점치는 책이 아니라 삶에 대한 판단 기준을 제공해 주는 지혜를 담고 있으며, 유교의 오경(五經) 가운데서도 가장 심오한 철학을 담고 있는 책으로 여겨져 왔다.

《주역》은 우주 만물의 변화를 음양의 변화 원리로 풀이해 놓은 책으로 송나라 때 철학적으로 재해석되어 성리학의 이론적 토대가 되기도 했다.

《중용(中庸)》

유교의 사서 가운데 하나로 《대학》과 함께 원래 《예기》의 편명 가운데 하나였다. 공자의 손자인 자사가 썼다고 알려져 있다.

철학적인 내용이 풍부해서 《주역》과 함께 성리학을 완성하는 데 크게 이바지한 책으로, 그 가치가 높이 평가되고 있다.

증험(證驗)

자신이 알고 있는 것이 맞는지 틀리는지 다른 사람이나 사물과 비

교하여 검증하는 것을 말하며, 검증의 기준은 사물이 갖고 있는 유행
지리인 자연법칙이다.

가령 누군가 '염기성 용액은 리트머스 종이를 빨갛게 변화시킨다.'
라고 주장했는데, 논쟁이 생겼다고 하자. 그래서 리트머스 종이를 직
접 염기성 용액에 넣어 보니 푸르게 변했다. 몇 번을 해 봐도 똑같
은 결론이 나왔다. 결국 '염기성 용액은 리트머스 종이를 빨갛게 변
화시킨다.'라는 주장은 틀린 것으로 나타났고, 이것을 주장한 사람은
자신이 잘못 안 것을 바르게 고치게 되었다. 이런 과정이 바로 증험
이다.

질(質)

어떤 물건이든 그것을 이루고 있고 볼 수 있고 만질 수 있으며 어
떤 성질을 지닌 물질로 표현할 수 있는데, 이때의 구체적 모습이나
성질을 지닌 대상을 질이라 한다. 다른 말로 형질이라고 한다. 최한
기에 따르면 질은 원래 기(신기)가 모여 이루어진 것이지만, 그것이
그 물건에 들어 있는 기(신기)를 제약한다.

따라서 사물의 성질은 이러한 질의 특성을 따른다. 가령 기름의
경우 불에 잘 타는 질로 되어 있다. 그런데 기름 속에도 기는 들어
있다. 그러나 기름이 불에 잘 타는 성질은 기름 속에 들어 있는 기 때
문이 아니라, 기름을 이루고 있는 질 때문에 생긴다.

천도(天道)

전통적으로 인간 사회에 대비되는 자연의 원리로 인간이 마땅히 따라야 하는 것으로 여겨진다. 가령 봄·여름·가을·겨울이 차례로 돌아오는 것이 이에 해당된다.

최한기도 천도를 순수한 자연적 질서로 보았기 때문에 인간은 이 질서를 따라야 하는 것으로 여겼다.

천리(天理)

하늘의 이치로서 학파마다 천리를 다르게 해석하는데, 성리학에서는 인간이 지켜야 할 윤리로 보았다. 가령 부모가 자식을 또는 자식이 부모를 사랑하고, 신하가 임금에게 충성하는 것이 이에 속한다.

그러나 최한기는 천리를 자연의 이치인, 자연법칙이나 원리로 한정했다. 봄이 되면 꽃이 피고 가을이 되면 열매가 익는 등과 같은 자연의 질서로 본 것이다.

따라서 최한기가 말하는 천리는 천도의 다른 표현이며 자연법칙인 유행지리를 말하는 것이다.

천지지기(天地之氣)

천기(天氣)란 기상 현상을 일으키는 대기를 말한다. 지기(地氣)란 땅에서 뿜어 나오는 기를 말한다. 천지지기는 이 두 기를 합쳐서 부를 때 사용하는 말로서, 자연의 대기 속에 존재하는 기를 뜻한다.

추측(推測)

인간이 추리하고 판단하는 사고 활동 또는 논리적 인식 활동을 말한다. 예를 들면 A는 B와 같고 B는 C와 같으니 A는 C와 같다고 생각하는 활동 등이다.

이는 인간 영혼의 특성인 이성의 작용과 유사한 개념으로, 최한기가 한문으로 번역된 서양 서적과 동양의 고전을 읽고 종합하여 만든 철학 개념이다.

추측지리(推測之理)

인간이 추리하고 판단한 사고 활동의 결과, 다시 말해 추측한 결과로서 생긴 생각이나 학설 또는 윤리를 말한다. 요즘 말로 개념이나 원리도 여기에 포함된다.

가령 사과가 많이 생산된 경우를 살펴보자. 그러면 수요가 일정하게 정해져 있을 때 공급이 늘어나므로 사과 값이 떨어진다는 판단이 가능하다. 그래서 '사과의 생산량이 늘어나면 가격이 떨어진다.'라는 원리를 추론할 수 있다. 이것은 사과가 많이 생산되었다는 사실을 가지고 사과 값이 떨어진다는 사실을 논리적으로 따져서 추론하여 얻은 앎이다.

이와 같이 추리하고 판단해서 알게 된 원리나 생각을 추측지리라고 한다. 그런데 이 추측지리가 언제나 옳은 것은 아니다. 사과가 많이 생산되어도 생산자나 중간 유통업자들이 사과를 창고에 보관해서 공급량을 줄이면 사과 값이 내리지 않기도 한다. 그래서 최한기는 추측지리가 사실에 부합되는지 검증되어야 한다고 주장한다.

자연법칙인 유행지리와 대비되는 말이다.

추측지통(推測之通)

오늘날의 표현으로 논리적 인식 또는 이성적 인식을 의미한다. 곧 추측에 의해 사물을 알게 되는 것, 인간의 사유 기능을 통한 인식을 말한다.

통(通)

많은 뜻을 지닌 용어로 알다, 통하다, 소통하다, 통용되다 등으로 번역될 수 있으며 주로 인식 작용과 관련하여 '앎' 또는 '알다'로 번역된다. 이때 통에는 여러 종류가 있다.

형질(形質)

사물의 몸체를 이루는 물질적 바탕으로 질의 다른 표현이다.

형질지통(形質之通)

오늘날의 표현으로 감각 경험을 의미한다. 곧 귀·눈·코·입·피부 등의 감각 기관을 통하여 바깥의 사물을 아는 활동으로, 다른 말로 제규제촉통(諸竅諸觸通)이라 일컫기도 한다.

형체지기(形體之氣)

형체가 있는 물건 속에 들어 있는 기로서, 물건이 소멸되면 그 물건 바깥에 존재하는 천지지기(자연의 대기 속에 존재하는 기)로 돌아가고, 대신 물건이 생기면 그 물건 속에 천지지기가 들어가 형체지기를 이룬다.

당연히 사람에게도 이것이 있는데 이 기가 모두 **빠져나가면** 생명을 잃게 되는 것이다.

제 *1* 장

이 세상은
어떻게 이루어져
있나?

제1장_ 이 세상은 어떻게 이루어져 있나?

제1장에서는 이 세상은 어떻게 이루어져 있는지를 다룬다. 그런데 이 세상의 일이란 너무 많아서 그 종류를 다 헤아리기도 어렵기 때문에 우선 이 세상이 무엇으로 이루어져 있나 하는 문제부터 다루게 된다. 다시 말하면 우주와 인간을 이루고 있거나 있게 한 바탕이 무엇이냐 하는 점이다.

그렇다면 여기서 우주 만물을 있게 한 이러한 존재를 규명하는 것이 왜 이렇게 중요할까? 어떤 철학에서건 반드시 이것부터 먼저 밝힌다. 현대 물리학에서도 이 점에 힘을 쏟고 있다. 왜냐하면 이것이 밝혀져야 세계에 대한 진실을 알 수 있고, 인간이 어떤 존재인지 밝혀지기 때문이다. 그럼으로써 윤리와 도덕, 사회 질서에 대한 정당성도 밝혀진다. 가령 '내가 왜 이런 행동을 해야 하나?' 아니면 '우리가 무엇 때문에 이렇게 살아야 하는가?' 하는 문제에 답을 주기 때문이다.

이 문제는 이제껏 철학의 학파나 종교적 교리에 따라 다양하게 설명되어 왔다. 보이는 만물은 모두 가짜고 진짜는 정신이라고 보는 견해도 있고, 만물의 근원은 신이라고 여기기도 하며, 세상은 정신과 물질의 두 가지 측면으로 이루어졌다고 보는 견해도 있다. 또 물질만으로 이루어졌다고 보는 견해도 있고, 무엇인지 확실히 알 수 없다고 보는 경우도 있다.

어찌 되었든 최한기는 세계 만물의 근원을 따지자면 모두 기(氣)로 이루어져 있다고 보았다. 그리고 세상은 알 수 없는 것이 아니라, 과학적 탐구를 통해서 알 수 있는 것이라고 생각했다. 따라서 이 장에서는 최한기가 말하는 기가 무엇인지 밝히는 문제가 핵심적인 주제다.

이 세상의 근원이 밝혀진다면 다음으로 이어지는 것은 우주나 자연을 변화시키고 움직이는 것이 무엇인가라는 문제다. 다시 말해 이 세상이 운동하고 변화하는 원동력이 어디에 있는가 하는 점이다. 신이 시켜서 우주와 자연이 변화하고 운동한다고 하는 견해가 있는 반면에, 어떤 원리가 그렇게 하게 만든다고 보는 견해도 있다.

이 문제에 대해서도 최한기는 우주나 자연은 저절로 운동하고 변화하는데, 그것은 우주 만물을 이루고 있는 기가 스스로 운동하고 변화하기 때문이라고 주장한다. 다시 말해 신이나 초월적인 존재인 하늘이 그렇게 만드는 것이 아니라 순수한 자연 현상일 뿐이라는 것이다. 그래서 이 장에서는 자연법칙을 탐구하는 것이 중요한 일로 등장한다.

세계의 근원과 그 주재자가 밝혀진다면 다음으로 이어지는 것은 도대체 인간이란 무엇인가 하는 점이다. 왜냐하면 인간도 이 세계에 속해 있기 때문이다. 인간의 육체와 정신은 어떤 것인지, 육체와 마음의 근원은 무엇인지, 그리고 마음은 육체에 대해서 어떤 지위를 갖는지, 또 인간의 성품은 착한지 악한지, 인간의 본성은 어떤 것인지 밝혀내는 것은 전통적인 성리학의 입장을 비판한 최한기에게는 매우 중요한 문제였다.

끝으로 이 우주적 탐구를 지구에 한정시켜 그는 우리가 살고 있는 지구가 어떤 별인지 밝혀낸다. 여기서 최한기는 서양 과학의 이론을 받아들여 지동설을 지지하면서 지구가 도는 여러 가지 증거를 대고 있다.

그뿐만 아니라 지구가 태양을 도는 궤도 문제까지 다룬다. 물론 최한기는 천문학자는 아니지만, 천문학자의 이론을 공부하여 그것을 자신의 철학적 탐구의 도구로 삼고, 더 나아가 지구에서 사계절이 생기는 이유와 밤낮의 길이 변화까지 설명한다.

이렇듯 제1장은 이 우주와 이 세상의 근본 존재가 무엇인지, 인간은 어떤 존재인지 또 어떤 세상에 살고 있는지를 밝히는 데 집중한다.

1. 우주와 인간의 본질

자연의 기와 인간 속에 있는 기

하늘과 땅에 가득 차 있는 것, 물체를 감싸고 적시는 것, 모였다가 흩어지는 것이나 모이지도 흩어지지도 않은 것, 모두 기(氣)다.

내가 생겨나기 전에는 오직 천지지기(天地之氣, 자연의 대기 속에 존재하는 기)만 있었다. 그러다가 내가 이 세상에 생기기 시작할 때부터 바야흐로 형체지기(形體之氣, 형체가 있는 물건 속에 들어 있는 기)로 머물러 있다가, 내가 죽은 뒤에는 다시 천지지기로 되돌아간다.

천지지기는 크고 영구히 존재하나, 형체지기는 작으며 잠깐 있다 없어진다. 그러므로 형체지기는 천지지기를 도움받아 생겨나고 자란다. 만물의 기도 마찬가지로 하늘과 땅으로부터 얻어서 그 사이에서 길러진다.

[《신기통(神氣通)》 권1, 〈천인지기(天人之氣)〉]

✤ 기(氣)란 무엇일까? 그것이 무엇인지 말하기 전에 우리가 평소 사용하는 말 가운데 이 기(氣)자가 들어간 말을 살펴보자. 연기·습기·용기·감기·독기·기합·기세·기운 등 다 찾아내자면 이루 헤아릴 수 없다. 기란 동양에서 옛날부터 자연스럽게 일상생활 속에서도 사용해 온 말로서, 앞의 낱말처럼 가리키는 내용이 무척 다양하다. 이러한 일상적 언어들을 보면 기가 우리 생활과 깊이 관계 있는 것만은

틀림없다.

위의 내용에서 보면 이 세상에 있는 것은 단 두 가지뿐으로 기와 형체가 있는 물건이 그것이다. 우리 주변을 돌아보면 땅, 나무, 사람, 지구, 건물, 해, 달 등은 분명 형체를 가진 물건이다. 그러나 공기처럼 형체를 가지고 있지 않은 것도 있다. 그렇다면 최한기가 말하는 기는 공기일까?

여기서 기가 어떤 것인지 자세히 말하고 있지는 않지만, 최한기는 일단 기는 사람이 생기기 전에 자연 속에 있다가 사람의 몸이 생기면 그 속에 들어오기도 하고, 그냥 자연 속에 흩어져 있기도 한다고 보았다. 사람 몸속에 들어온 기는 사람이 죽고 나면 다시 자연으로 돌아간다고 하므로 기는 실제로 자연 속에도 있고 몸속에도 있다고 하겠다.

기와 질의 관계

기가 단단하게 엉겨서 굳어진 것이 질(質)이다. 질이 풀려 부서지면 기가 된다.

가령 기를 빗물에, 질을 얼음에 비유할 수 있다. 빗물이 땅에 있으면 반드시 움푹 파인 곳에 모여 고인다. 작게는 술잔에 담을 수 있고, 크게는 호수나 연못이 된다. 그런데 물은 추위를 만나면 얼어서 얼음이 되어 제각기 질을 이룬다. 그 얼음이 녹으면 다시 빗물이 된다.

♣ 이 글을 보면 형체를 이루는 물체나 생물체의 바탕이 질이라고 볼 수 있다. 여기서 기와 질의 관계를 물과 얼음의 관계로 비유하고 있는데, 이를 보면, 결국 질이란 기가 엉겨서 만들어졌으며, 물체를 이루는 물질이라고 할 수 있다. 그렇다면 고무, 나무, 철, 물, 흙과 같은 물질은 기가 엉겨서 된 것이라 볼 수 있다.

따라서 인간의 육체도 물과 단백질과 지방과 여러 무기질로 이루어졌으니, 결국 그 근원을 말하면 기가 엉겨서 되었다고 볼 수 있다.

이렇게 보면 기를 단순히 공기라고 말하기는 어렵다. 그 이유는 공기가 아무리 모여도 어떤 물건의 바탕인 물질이 되지 않기 때문이다. 따라서 기는 어떤 사물을 구성하는 가장 작은 단위의 물질과 같다.

그러나 이것은 요즘 과학에서 말하는 물질의 최소 단위인 쿼크나 글루온과 같이 과학자들이 찾아내서 이름 붙인 과학적 용어는 아니다. 과학자들은 지금도 우주를 구성하는 최초 물질을 찾고 있다.

여기서 최한기가 말하는 기는 예전부터 동양 철학에서 물질의 최소 단위를 가정해서 이름 붙인 용어다. 만물의 근원이라고나 할까?

옛날 그리스의 자연 철학자들은 만물의 근원을 물이나 불로 보기도 하고, 또 흙·물·공기·불 이렇게 4원소로 보기도 했다. 최한기는 훨씬 후대 사람이지만 4원소의 내용을 알았고, 그래서 이런 여러 종류의 물질을 통합하여 그 근원을 기라고 했으므로, 기가 오히려 4원소의 근원일지도 모를 일이다.

지금까지의 설명은 적어도 이 세상에 존재하는 모든 물건은 모두 기에 의해서 생겨났다는 내용이다. "만물의 근원은 기"라는 최한기의 주장은 현대적 관점에서 보면 세상에 존재하는 만물은 모두 물질로 구성되어 있다는 것으로, 오늘날 과학에서 말하는 것과 동일하다.

만물의 특징은 질 때문이다

세상 만물이 제각기 다른 것은 기와 질이 서로 결합하는 것에 달려 있다.

애초에 어떤 물건이 생길 때는 기에 의하여 질이 생긴다. 그 후에는 기가 질의 영향을 받아 스스로 각각의 사물을 형성하고, 제각기 사물의 기능을 드러낸다.

하늘의 신기(神氣)는 땅에 가까이 접근하면 땅에서 증발하는 기와 서로 섞이고 합쳐져, 하늘과 땅의 신기를 형성한다. 이 신기가 흙이나 암석 같은 물질에 들어가면 견고하고 무거운 물건이 되고, 풀이나 나무 같은 것에 들어가면 가지와 잎과 꽃과 열매가 생겨 번식하는 식물이 된다. 또 벌레와 길짐승과 날짐승과 물고기 등 혈액이 있는 것에 이 신기가 들어가면, 보고 들어 사물을 지각하는 동물이 된다.

이 신기가 어떤 사물에도 들어가지 못할 경우는 차거나 덥거나 건조하거나 습한 바람과 비와 구름과 안개가 된다. 그리하여 하늘과 땅에 두루 흘러 가득 차 우주를 지탱하고 있다.

그러므로 어떤 물건이든 기를 받아 생겨나지 않겠는가? 어떤 일이든 기를 말미암아 이루어지는 것이 아니겠는가?

그러나 같은 종류의 물건 가운데서도 또한 분별되는 것이 있다. 흙과 암석 간에, 풀과 나무 간에도 형질의 차이가 있고, 같은 동물 사이에도 형질이 다르다. 또 한 개체에서도 오장육부와 팔다리와 몸통은 제각기 보고 듣고 움직이는 다른 기관이다. 그래서 밖에 있는 소리와 색과 냄새와 맛을 제각기 안다.

또 신체의 각 기관에서도 잘 갖추어진 것과 그렇지 못함의 차이가 있고, 잘 갖추어진 것과 그렇지 못한 것 가운데서도 제각기 기능이 맑고 흐리고 강하고 약한 성질의 차이가 있다. 이런 까닭으로 새와 짐승과 물고기와 조개와 나나니벌이 보고 듣고 생각하는 것은, 소통하는 기관이 갖추어졌느냐 갖추어지지 않았느냐에 따라 달려 있다. 그리하여 두루 아느냐 좁게 아느냐, 생각이 밝으냐 어두우냐 하는 차이는 그 사물을 이룬 질에 따라 나타날 수밖에 없다.

기는 하나다. 인간에게 부여되면 자연히 인간의 신기가 되고, 물건에 부여되면 물건의 신기가 된다. 따라서 인간과 물건의 신기가 다른 까닭은 질에 있지 기에 있지 않다.

만약 인간에 부여되는 기를 인간이 아닌 물건에 부여시키면, 물건의 신기가 되지 인간의 신기가 되지 않는다. 반대로 물건에 부여되는 기를 물건이 아닌 인간에게 부여시켜도, 인간의 신기가 되지 물건의 신기가 되지 않는다.

또 사람들이나 물건 가운데서도 자연히 우수한 것과 열등한 것, 좋은 것과 나쁜 것이 있는데, 이 또한 질에 차이가 있기 때문이다. 가령 공부와 사고력이 우수한 사람의 경우는 우수한 데로 나아가는 질을 가졌기 때문이다. 반대로 공부와 사고력에 진보가 없는 사람은 자연히 우수한 데로 나아갈 수 없는 질을 가지고 있기 때문이다.

[《신기통》 권1, 〈기질각이(氣質各異)〉]

✣ 형체를 가지고 있는 만물은 모두 기와 질이 결합하여 이루어져 있다. 그러니까 우리가 눈앞에서 보는 돌이나 나무나 소나 사람도 모두 기와 질로 이루어져 있다고 보면 되겠다. 그런데 이렇게 기와 질로 이루어진 사물마다 제각기 나타나는 그 특징과 차이점은 무엇 때문일까?

여기서 분명 돌은 나무와 다른 점이 있고, 나무는 또 소와 다른 점이 있으며 소는 인간과 다른 점이 있다. 최한기는 이 물건들의 차이는 기에 있는 것이 아니라 돌이나 나무나 소나 사람을 이루고 있는 질(또는 물질)의 차이에 있다고 주장했다. 심지어 같은 사람끼리도, 또한 사람에 있어서 몸의 각 기관마다 차이가 있다고 했는데, 이 또한 각각의 육체를 이루는 물질, 몸의 기관을 이루는 물질의 차이에 따른다고 주장한다. 이 말은 맞는 말일까? 최한기는 왜 물체나 육체를 이루는 물질의 차이가 그 물건들의 차이를 만든다고 생각했을까?

오늘날 광물과 식물 그리고 동물은 그것을 이루고 있는 물질이 서로 다르기 때문에 여러 가지 차이가 생기는 것은 분명해 보인다. 광물은 거의 무기물로 구성되어 있고 생물은 거의 유기물로 구성되어 있다. 그 차이로 인해 광물과 생물은 근본적으로 다른 특성을 지닌다. 동물과 식물의 차이도 그것을 구성하는 물질의 차이에 따라 다른 특성을 지닌다.

그렇다면 같은 인간끼리에서도 성격의 차이나 외모의 차이가 물질의 차이에서 오는 것일까? 성격이나 외모의 차이도 결국 몸을 이루고 있는 물질인 유전자의 차이에서 나오는 것이니 그것도 확실해 보인다.

그럼 한 사람의 몸 안에서 각각의 기관이 갖는 차이도 그 기관을 구성하고 있는 물질의 차이 때문일까? 가령 간을 구성하는 물질과 피부를 구성하고 있는 물질의 차이 때문에 간과 피부의 기능상의 차이가 있는 것일까? 그럴 가능성은 충분히 있다.

이렇게 물질의 차이에 따른 사물의 특성은 그 사물 속에 들어 있는 신기의 차이로 드러난다. 신기는 원래 똑같은 것이지만 각각의 사물을 구성하고 있는 물질의 영향이나 물질과의 관계에 따라 달라지는 것이다.

그렇다면 최한기가 이런 사실을 어떻게 알았을까? 그는 선교사들이 쓴 서적에서 신이 천지를 창조할 때 이러한 사물들의 차이를 부여했다는 신학적 이론을 알고 있었다. 그러나 그는 그 이론을 인정하지 않고 존재하는 것은 오직 물질로 이루어져 있으며, 물질의 운동에 따라 세상이 변화한다고 보았다. 그 이유는 그가 동양의 전통적인 기론(氣論)을 계승했기 때문이다.

기가 모이면 살고 흩어지면 죽는다

하늘에 있는 기에는 정액(精液, 인간 남성의 정액에 비유함)이 있고, 땅에는 여성의 자궁처럼 따뜻하게 해 주는 성질(질)이 있다. 그러므로 인간과 만물이 생겨날 때는 하늘의 기와 땅의 질을 받는다. 질이란 기가 모여 형태를 이룬 것이다. 살아 있다는 것은 기가 모인 것이고, 죽었다는 것은 기가 흩어진 것이다.

《주역》에서 말하기를 "하늘과 땅의 기운이 합쳐지고 서로 엉겨서 만물이 생겨난다."라고 했는데, 하늘과 땅의 기운이 엉기고 합쳐진 것이란 원기(元氣)의 정액을 말함이요, 그것이 땅의 따뜻함을 얻어 만물을 생성하고 거두어 저장하니, 모두 기의 모임과 흩어짐이 아닌 게 없다.

사람이나 동물의 경우 잉태할 때는 기가 처음 모인 것이요, 장성한 것은 기가 모인 것을 완성한 것이요, 노쇠한 것은 기가 장차 흩어지려는 것이요, 죽음이란 기가 다 흩어진 것을 말한다.

[《추측록》 권2, 〈기취생산사(氣聚生散死)〉]

✤ 만물이 생겨날 때는 땅의 질과 하늘의 기를 받아 이루어진다고 한다. 그의 이론을 따르면 땅의 질도 결국은 기가 엉긴 것이다. 최한기가 여기서 말하고자 하는 핵심은 생물은 생겨날 때 기가 모이고, 자라면서 기가 왕성하게 되다가 죽으면 흩어지니, 기가 생명 활동과 깊은 관계를 가지고 있다는 점이다.

그러므로 기는 단순히 죽은 물질이 아니라 생물체의 생체 에너지와 관계가 있다. 이렇게 기는 만물의 근원인 물질로서만이 아니라 생물체가 살아 있게 하는 생명 활동의 근원이기도 하다.

기절이란 기가 끊어졌다는 것이고, 기진맥진이란 곧 숨이 넘어간다는 뜻이니 옛날 사람들은 기를 만물의 근원뿐만이 아니라 생명의 원천으로 생각했던 것 같다. 현대의 한의학에서 건강하지 못한 것을 기가 약하거나 부족하다고 여겨서 몸을 건강하게 하려면 기를 북돋우고 왕성하게 해야 한다고 말하는 것도 이런 맥락에서다.

자연에는 만물을 생성하는 인격적 의지가 없다

하늘은 만물을 생기게 하는 데 어떤 의지가 없다. 만물이 스스로 기에 의지하여 생겨난다. 땅도 만물을 완성하는 데 어떤 의지가 없다. 만물이 스스로 기에 의지하여 완성된다. 이른바 "하늘과 땅이 만물을 낳고 완성하는 것을 마음으로 삼는다."라고 말한 것은 하늘과 땅이 오로지 사람과 만물을 도와 길러 준다는 입장에서 주장한 말이다. 크고 넓게 펼쳐진 하늘과 땅이 어찌 만물을 생성하는 한 가지 일을 위해서만 존재하겠는가?

태양이 솟아오르면 사물의 형태에 따라 많은 그림자가 생긴다. 긴 물체는 그림자도 길고 짧은 물체는 그림자도 짧다. 가지가 있는 물건은 그림자도 가지가 있고, 네모난 것이나 둥근 것이나 곧은 물건도 모두 그 그림자가 그것을 닮는다. 어찌 태양에 그림자를 만들려는 마음이 있어서 이런 현상이 생겼겠는가? 단지 태양은 불처럼 밝으면서 하늘의 궤도를 따라 돌 뿐이며, 만물은 저절로 각자의 형태를 따라 그림자를 만든다.

이 사실을 하늘과 땅이 만물을 생성하는 것에 비유해 보자. 하늘의 기능은 태양빛과 같고 땅의 기능은 물체와 같고, 그림자는 만물과 같다. 그러므로 만물도 때와 장소와 조건에 따라 생성되며 제각기 다르다.

[《추측록》 권2, 〈인물뢰기이생(人物賴氣而生)〉]

✛ 기와 질이 결합하여 만물이 생겨나는 것은 누가 시키거나 만든 것이 아니라, 자연 스스로 하는 일이라고 본 최한기는 과학적인 그림자의 원리를 가지고 만물의 생성은 자연적 방식을 따르고 있음을 설명하고 있다.

그가 설명하고 있는 내용은 서양 선교사들이 저술한 책에서 조물주가 세상 만물을 창조했다는 주장에 대한 반론이다. 만약 조물주가 세상을 만들었다면 이 세상은 시작과 끝이 있겠지만 기가 만든 세상은 처음도 끝도 없다고 보았다. 기독교에서는 신이 영원히 존재하고 또 인간의 영혼이 불멸한다고 하지만, 최한기에게는 바로 신 대신에 이 신기가 영원히 존재하고 불멸하는 것이며, 단지 모였다가 흩어졌다가 할 뿐이다.

그가 이렇게 주장한 데는 보다 깊은 의도를 가지고 있다. 만약 천지자연을 신이 창조했다고 본다면 인간은 지금의 기독교인들처럼 신의 뜻에 복종하고 따르면 그만이다. 세상을 만든 처음이 있다면 끝도 있으므로, 세상의 끝인 종말이 왔을 때 영원히 행복하게 살려면 세상을 그렇게 만든 신을 따를 수밖에 없다.

그러나 천지자연이 기에 의해서 저절로 만들어졌다면, 인간은 자연의 질서나 원리에 따라 살아야 한다. 그러기 위해서는 인간 스스로 노력에 의해 자연의 질서나 법칙을 탐구해서 인간의 질서를 세워야 한다. 뒤에서 살펴보겠지만 최한기는 인간의 질서도 결국에는 자연의 질서를 따라야 한다고 주장하고 있다.

이것은 동양의 전통 사상과 서양의 기독교 사상이 근본적으로 관점이 다르다는 것을 보여 준다. 서양 문명이 자연을 이용하고 개척하여 근대 문명을 세운 것은 신이 인간에게 자신이 창조한 자연 속에서 번성하고 그것을 정복하라는 성서의 〈창세기〉 사상과 연관되어 있다. 그리고 그 결과는 자연을 이용하다 못해 파괴하는 데까지 이르렀다.

이렇듯 자연을 어떻게 바라보느냐에 따라 자연을 대하는 인간의 태도가 크게 달라진다는 것을 알 수 있다.

귀신도 기의 일이다

어리석은 사람들은 귀신에 미혹되거나 화를 피하고 복을 받고자 하는 일에 잘 빠진다. 그러므로 방술(方術, 미신적 술법)이 이런 일을 틈타 생겨난다.

후세 사람들은 거꾸로 방술을 귀신과 관계되는 일로 여겼으니, 귀신이 있는 것이 아니라, 모이고 흩어지는 기가 있다는 것을 어찌 알겠는가? 또 방술을 가지고 복을 얻고 화를 피하려고 했으니, 화와 복은 인간 스스로 불러들이는 것임을 어찌 알겠는가?

참된 지식을 모르는 사람들은 반드시 허망한 것을 일삼고, 자신들이 허망한 일에 빠져 있다는 것조차도 모른다. 그들은 도리어 참된 지식을 가진 사람을 못났다고 여기면서, 알 수 없는 귀신에게 복을 받고 화를 피하고자 빈다. 또 근거 없는 화복을 가지고 귀신을 숭배한다.

그러나 하나의 기가 모이고 흩어지는 것이 귀신의 참모습이고, 인간 스스로 불러들인 것이 화와 복의 실상이다. 부적과 주문과 같은 방술은 원래 근거가 없다. 만약 이런 것들을 잘 드러내 밝힌다면, 귀신과 화복은 저절로 허망하다는 것이 드러날 것이다.

참다운 것으로 가르치지 않고 귀신이나 화복으로 백성들을 꾀는 것은 성인의 가르침이 아니요. 이단이다.

[《추측록》 권2, 〈귀신화복(鬼神禍福)〉]

✤ 최한기는 보통 사람들이 생각하는 유령과 같은 귀신의 존재를 인정하지 않았다. 만약 귀신이 있다고 한다면 그 근원은 기라고 보았는데 이는 이 세상에 존재하는 모든 것의 근원을 기라고 여겼기 때문이다.

원래 우리 전통에서 보면 귀신이란 그 흔적만 있지 그 과정이 노출되지 않는 기의 작용이다. 우리가 무엇을 능숙하게 잘할 때 '귀신 같다.'라고 말하고, 또 순간적으로 어떤 일이 진행되었을 때 '귀신이 곡할 노릇이다.'라고 하는데, 이 또한 신비하게 과정은 안 보이고 결과만 보일 때 사용하는 말이다. 그러므로 귀신이란 기와 관계된 말이다. 이 점은 최한기만이 아니라 이전 유학자들도 그렇게 보았다.

화복도 마찬가지다. 그것은 인간 스스로 불러들이는 것이지 귀신의 장난이 아니며 더욱이 부적·주문·주술·간지(干支) 등으로 복을 빌고 화를 피하고자 하는 방술을 써서 해결할 문제도 아니다.

지금까지의 최한기의 논의를 종합하면 세상은 기가 스스로 만든 것이고, 생물의 생명 활동도 기와 관계되며, 민간에서 말하는 귀신이나 미신, 그리고 서양 종교에서 말하는 신 등도 설사 있다고 해도 그것은 기의 작용이라는 것이다. 그러므로 세계는 신비롭고 알 수 없는 것이 아니라 인간이 과학으로 밝혀낼 수 있다는 것이다. 오늘날 우리로서는 이런 생각이 그리 대단한 것은 아니지만, 당시 조선 시대의 상황을 생각해 볼 때 대단히 획기적인 생각이라고 할 수 있다.

2. 자연현상과 그 법칙

기와 그 법칙

하늘은 지구를 둘러싸고 있고, 만물은 그 범위 가운데서 벗어나지 않는다. 기가 움직이면 리(理)가 따르니 만사가 모두 기가 돌아 움직이는 기틀을 따른다. 그러므로 먼저 하늘과 땅을 추리하여 크고 작은 법칙을 삼되, 기를 통하여 자세한 조리(條理, 기가 운동하는 규칙성 또는 그 법칙)를 탐구해야 한다.

　하늘과 땅을 헤아리는 것은 실로 앎의 중요한 부분이다. 하늘과 땅은 커다란 형상이다. 이 커다란 형상 속의 만물은 모두 그 범위 내에서 변화하고 성장한다. 그러므로 배우는 사람의 지극한 공부는 하늘과 땅이라는 범위 안에 있고, 이들이 활동하고 실천하는 데에 모두 따를 수 있는 법칙이나 원칙이 있다. 《주역》에서 말하는 "하늘과 땅과 함께 그 덕을 같이 한다."가 그것이다.

　기는 하늘과 땅에 가득 차서 돌고 돌지만 줄어들지 않고, 모이고 흩어지는 데 때가 있어, 그 법칙을 리(理)라고 한다. 기가 가는 곳에 리도 따라가 있다. 그 전체를 들어 기가 하나라고 말하면 리 또한 하나고, 갈라져 나누어진 것을 가지고 기가 만 개라고 말하면 리 또한 만 개다.

［《추측록》 권2, 〈대상일기(大象一氣)〉］

　✤ 최한기는 여기서 우리 인간이 먼저 탐구해야 할 대상은 하늘과 땅이라고 한다. 땅은 지구고 하늘은 지구를 둘러싼 대기와 우주다. 따라서 인간이 알 수 있는 대상의 가장 큰 범위는 하늘과 땅이다.

　그런데 하늘과 땅을 안다는 것은 그것들을 만들어 낸 기를 통해 그 법칙을 이해하는 것을 의미한다. 마치 물이나 공기를 아는 것도 물이나 공기의 성질이나 구성 성분을 통해 그 법칙을 아는 것과 같다. 가령 주위보다 따뜻한 공기는 상승하고 차가운 공기는 하강하는데, 이렇게 공기가 올라가거나 내려오는 성질은 법칙이다. 또 물이 온도가 올라가면 수증기로 변하고 온도가 내려가면 얼음으로 변하는 것도 법칙이다.

이렇게 우주나 세계 속에 내재한 법칙을 전통적인 동양 사상에서는 리(理)라고 불렀다. 그러나 리라고 해서 다 같은 것은 아니다. 주자의 성리학에서는 리를 자연법칙보다는 주로 인간의 도덕법칙으로 생각했다. 그래서 최한기는 성리학에서의 리와 구별하기 위해서 자신이 주장하는 리를 기의 조리(條理)라고 표현하기도 하고, 뒤에 등장하지만 유행지리라고 말하기도 했다.

기가 리의 근본이다

하늘의 기는 맑고 땅의 기는 탁하다. 인간과 만물이 항상 땅의 탁한 대기 가운데 잠겨서 고동치며 길러진다. 모습과 색과 소리가 들리는 것은 이 기를 말미암지 않고는 있을 수 없다. 기에서 얻지 않으면 어떻게 리를 판단할 것이며 만물을 보지 않으면 어떻게 마음을 밝힐 것인가?

비와 이슬, 서리와 눈, 바람과 구름, 번개와 우레는 모두 하늘에 반응하면서 땅에서 생기므로, 사람과 만물이 땅에 붙어서 의지하는 것은 모두 몽기며, 몽기 밖의 기에 대해서는 알지 못한다.

대개 기는 물과 흙을 밖에서 감싸고 있어서 조그마한 빈틈도 없다.

연적(벼루에 먹을 갈 때 쓰는 물그릇)에 물을 넣을 때 두 개의 구멍 가운데 하나를 막으면 물이 들어가지 않는데, 그것은 기가 연적 가운데에 차서 구멍을 막고 있기 때문이다. 또 이미 물이 들어 있는 연적을 거꾸로 기울여도 물 또한 나오지 못하는 것은 기가 들어가지 못하기 때문이다.

아주 무거운 돌이 공 하나 부피의 기를 누를 수 없고, 반드시 기가 다 빠진 후에 공을 누를 수 있다. 천 명이 당기는 힘도 범선의 돛에 부는 바람이 큰 배를 밀어 움직이는 것을 당할 수 없어 그 바람 가는 곳에 배의 움직임을 맡겨 둔다.

기가 큰 것은 돌을 옮기거나 산을 날려 보내거나 큰 파도를 일으키거나 지진을 일으킬 수 있고, 기가 작은 것은 화살을 내뿜고 유체(流體)를 빨아들이고 수레바퀴를 굴리고 물체를 밀고 껴안는 것에서, 새가 날고 물고기가 연못에서 튀어 오르고 소가 밭을 갈고 말이 달리는 것에 이르기까지 행한다. 그러니 어느 것이든 기가 하는 일이 아닌가?

비온 뒤의 산림이나 아침노을에 비친 창문은 밝은 색깔이 한층 화려하다. 이것은 물체를 적신 모양인데 기가 둘러싸서 그런 것이다. 물이 흔들리면 별들이 그 속에서 서로 맞부딪치듯 하며 눈이 어두우면 등불이 꽃처럼 되어 그 영상이 하나가 아니다. 이것은 기가 움직여 사물의 형태를 변환시킨 것이다.

기의 전체는 마치 하나의 큰 거울과 같아서 땅에 실려 있는 만물을 모두 하늘에 비추어 보인다. 그러므로 이것은 산의 신기루나 바다의 신기루, 또 암실에 하나의 틈으로 들어온 영상이 거꾸로 빨려 들어와 보이는 원리와 같다.

하나의 거울을 만 개의 거울로 나눌 수 있는데, 앞의 거울이 영상을 받으면 이를 뒤의 거울이 다시 비추어서 여러 색으로 변환시킨다. 이는 볼 수 있는 것들에 대한 경우다.

볼 수 없는 것은 소리로 전달되는데, 바람 소리, 번개 치는 소리, 물소리, 사람과 동물 소리, 여러 음악 소리 등은 종류가 달라서 서로 혼동되지 않는다. 무지개와 구름과 노을이 여러 색깔을 띠는 것이나 대기의 차고 따뜻하고 건조하고 축축한 것과 같은 여러 가지 성질, 물건과 관계되거나 혹은 물건이 쌓인 데서 나오는 향기와 악취, 그리고 이런 모든 것들이 운동하고 정지하고 모이고 흩어지는 것은 기의 기틀을 통해서만 알게 된다.

그러므로 기를 떠나 리를 붙잡는 사람과 사물을 버리고 마음을 높이는 자들은 복희씨가 하늘을 우러러 살피고 땅을 굽어 관찰하여 가까이는 자신의 몸에서 취하고 멀리는 사물에서 취하여 만물에 통한 것을 어찌 알겠는가?

[《추측록》 권2, 〈기위리본(氣爲理本)〉]

✤ 자연 속에서 일어나는 모든 현상은 기가 하는 일이니, 모든 운동과 변화의 뒤에는 기가 있다는 의미다. 특히 인간과 만물은 대기라

는 몽기 속에서 살아간다.

그런데 여기서 왜 기를 통하지 않으면 리를 알 수 없다고 했을까? 그것을 알려면 기와 리의 관계를 알아야 한다. 기와 리의 관계는 주자 성리학과 최한기의 철학이 근본적으로 갈라지는 부분이기 때문이다. 그렇다면 최한기의 기와 리가 주자학의 그것과 어떤 차이가 있을까?

우리는 두 철학의 개념상의 차이를 이해하기 위해서 '실체'와 '속성'의 개념부터 이해해야 한다. 실체와 속성 개념은 아리스토텔레스의 논리로 선교사 마테오 리치가 쓴 《천주실의》에 등장하며, 최한기는 이 책을 읽고 영향을 받아 기와 리를 이런 관계에서 파악했다.

실체란 알기 쉽게 말해 '실제로 있는 물체'란 뜻이고, 속성이란 '그 물체에 딸린 성질'이란 뜻이다. 가령 까마귀는 실체고 검은색은 속성이며 또 사과는 실체고 단맛은 속성이다. 검은색은 까마귀와 같은 검은 색깔을 지닌 물체가 있어야만 존재하고, 단맛은 사과와 같이 단맛을 지닌 물체가 있어야만 존재한다. 까마귀와 같이 검은색을 띤 물체나 사과와 같이 단맛을 내는 물체가 없으면 검은색과 단맛은 세상 어디에도 존재하지 않는다. 다시 말하면 검은색과 단맛이 존재하는 것은 분명하지만, 그것은 단지 그것들이 들어 있는 물체에 의존해서(또는 붙어서) 존재한다는 뜻이다.

이런 논리를 통해 최한기는 기는 실체고 리는 기의 속성이라고 파악했다. 실체인 기가 있어야 속성인 리를 파악할 수 있으므로 당연히 기가 리의 근본이라는 것이다. 그래서 최한기는 "기가 움직이면 리가 따른다."라고 하거나 "기가 하나면 리도 하나요, 기가 만 개면 리도 만 개"라고 표현한 것이다.

이와 달리 전통적인 성리학에서는 리와 기, 둘 다 실체로 보아 리가 절대적으로 존재한다고 믿었다. 그래서 한 물체 속에서 리와 기의 관계는 '하나이면서 둘이요, 둘이면서 하나'라고 표현하며 서로 떨어질 수도 없고 그렇다고 서로 섞이지도 않는다고 말해 각자의 독립성을 인정하고 있다. 이것을 부정하면 이미 성리학이 아닌 것이다.

물론 최한기 철학에서도 리가 부정되는 것은 아니다. 하지만, 기가 실체이므로 기가 어떤 물체를 이루느냐에 따라 리라는 속성도 정해진다는 점에서 성리학의 입장과는 근본적인 차이를 갖고 있다. 따라서 앞으로 전개될 성리학에 대한 최한기의 비판은 성리학에서 주장하는 리가 실체가 아니라는 데 초점을 맞추고 있다. 이 점은 바로 이 책의 핵심 주제 가운데 하나이므로 잘 이해해 두는 것이 좋다.

자연법칙은 기를 통해서만 알 수 있다

참으로 기를 잘 안다면 리는 그 기 가운데 스스로 있다. 리를 찾으려고 먼저 힘쓴다면 기는 도리어 숨어 버리고 준거가 없어진다.

리는 형체가 없고 기는 자취가 있다. 그러므로 그 자취를 따라 탐구하면 리는 저절로 드러나 찾을 수 있는 단서가 있게 된다.

그러나 그 자취를 버리고 형체가 없는 것에서 리를 찾는다면 밝게 드러난 기가 도리어 숨어 버리게 되어, 이른바 리는 막막하여 그 근거가 되는 표준이 없게 된다.　　　　　[《추측록》권2, 〈리재기중(理在氣中)〉]

✤ 조선 후기의 주자 성리학의 흐름을 보면 직접 리를 탐구하려는 경향을 띤다. 곧 인간의 마음에서 리를 탐구하려는 경향이 강했다. 그것은 탐구 대상인 리가 과학적인 사물의 법칙이 아니라 인간의 윤리를 의미하는 도덕 법칙이었기 때문이다. 그들은 하늘의 도리인 윤리 도덕이 마음에 갖추어졌다고 믿으면서 도덕적 수양을 통해 인간의 마음이 밝아져 리가 드러나기를 원했다.

최한기는 이런 학문적 태도를 반대한 사람이다. 이 세상의 어떤 리든 그것은 보이지 않는 법칙과 같은 것이므로, 기로 이루어진 사물을 통하지 않고서는 직접 경험되거나 파악될 수 없다고 주장했다.

가령 물이 산소와 수소로 결합되어 있다는 법칙을 알려면 직접 물을 전기 분해하거나 수소를 산소와 화학 반응을 시켜 보면 알 수 있다. 그러나 그런 실험을 통하지 않고서는 결코 그 법칙을 알아낼 수 없다.

이것은 매우 타당한 견해다. 따라서 사물을 통하지 않고 직접 리를 탐구하면 리는 숨어 버리고 알 수 없다는 말은, 우선 리는 자취나 흔

적이 없어서 그것이 들어 있는 물건[氣]을 통하지 않고서는 직접 알
수 없다는 뜻이다.

리를 주장하는 것과 기를 주장하는 것

등불에는 저절로 물건을 비추는 이치가 있다는 것은 리를 주장하는
사람의 말이다. 불의 밝음이란 물건을 비추는 기라고 말하는 것은 기
를 주장하는 사람의 말이다. 리를 주장하는 것은 추측(推測)의 빈 그림
자요, 기를 주장하는 것은 추측의 실천이다.

리를 주장하는 사람은 추측지리(推測之理)를 유행지리(流行之理)에 뒤
섞거나, 자연 속에서 작용하는 유행지리를 추측한 마음의 이치로 여
기거나, 혹은 추측한 마음의 이치를 자연 속에 작용하는 유행지리와
동일시한다. 그래서 순수한 자연법칙을 얻지 못할 뿐만 아니라, 추측
과 함께 그 참모습을 잃는다. 그러나 그 근원을 탐구해 보면 추측의
빈 그림자일 뿐이다.

기를 주장하는 사람은 기를 추리하여 법칙을 판단하니, 추리되는
것은 유행지리며 판단되는 것은 추측지리다. 기가 흘러 운동하는 것
을 기준으로 삼아 추측이 그것에 어긋나지 않도록 한다. 추측하는 것
을 방법으로 삼으나 기가 흘러 운동하는 것에 저절로 부합되는 것이
있다. 이것이 추측의 실천이다.

등불이 물건을 비추는 경우는 그 기를 따라 그 이치를 탐구하면 저

절로 실천할 수 있는 조리가 있으나, 먼저 이치를 가지고 등불이 물건을 비추는 것을 탐구하면 징표가 없는 헛된 그림자를 보게 될 것이다.

[《추측록》 권2, 〈주리주기(主理主氣)〉]

✤ 유행지리는 자연법칙과 같은 말이다. 추측지리는 인간이 추리하고 판단한 이치로서 인간 사고의 결과인 생각(관념)이나 주장이나 학설을 말한다. 따라서 그것은 사실일 수도 있고 거짓일 수도 있다. 추측이란 추(推)라는 추리와 측(測)이라는 판단으로 이어지는 사고 활동으로 사물을 알아 가는 방법을 말한다.

여기서 유행지리는 어떤 사물이 다른 사물과의 관계에서 갖는 일종의 규칙적인 법칙 또는 성질이다. 그 규칙성이나 성질이 사물과 관계없이 결코 미리 존재하는 것은 아니며 그것이(규칙성이나 성질) 표현되는 물질(기)을 통해서만 존재한다.

가령 여기에 물이 있다고 하자. 물은 1기압일 때 100℃에서 끓는데, 그것은 물이 온도와 기압의 관계에서 갖는 물의 성질이다. 그런데 "등불에는 저절로 물건을 비추는 이치가 있다."라는 말은 마치 물이 100℃에 끓는다는 이치가 먼저 있어서 물이 100℃에 끓는다고 여기는 것과 같다. 사실 물은 1기압보다 낮으면 100℃ 이하에서도 끓는다. 따라서 물이 100℃에서만 끓는다는 이치는 없고, 물이 있으니(사물) 그런 이치(사물의 법칙)가 있는 것이다. 최한기는 이렇게 리를 주장하는 사람들이 법칙이 사물보다 먼저 있거나 독립해 있다고 보는 점을 비판했다.

또 리를 주장하는 사람은 유행지리와 추측지리를 혼동한다고 최한 기는 말한다. 이것은 마치 용이 코끼리처럼 실제로 존재한다고 믿는 것과 같다. 용은 상상의 동물이므로 추측지리와 유사하고 코끼리는 실제로 있으니 유행지리와 비슷하다.

물론 이 추측지리가 모두 거짓은 아니다. 올바른 학설일 수도 있고 자연법칙에 들어맞는 것도 있을 수 있다. 그러나 최한기는 한두 가지 또는 일부가 맞는다고 해서 전체를 신뢰할 수 있는 것은 아니기 때문에 이 둘에 대한 혼동을 경계한 것이다.

유행지리와 추측지리

내 몸에 있는 신기(神氣)에는 추측지리가 있다. 만물의 기질 속에는 유행지리가 있다. 만물과 소통하는 것은 눈과 귀 등 감각 기관의 능력이고, 추측하게 하는 것은 신기의 작용이다. 만물의 이치가 드러나는 것은 만물의 기질이 드러나는 것이다.

만물과 나 사이에 가로막고 있는 기는 맑고 가볍고 빨라서 소리와 빛이 쉽게 투과된다. 눈의 힘이 대상에 빛을 쏘면 지체하지 않고 곧장 대상이 보이는데, 그것은 그 기에 빛의 성질을 포함하고 있기 때문이다.

소리도 기를 통과해 내 귓전에 도달하면 곧바로 들린다. 또는 먼저 귀를 기울여 소리를 기다리면 기를 투과해 곧바로 들린다. 소리가 물체에서 나오면 기를 진동시켜 사방으로 퍼지는데, 겹겹이 원을 이루면서 멀리 전달된다. 마치 연못에 돌을 던지면 물의 파문이 원을 이루면서 점점 넓게 사방으로 퍼지는 것과 같다.

그러므로 소리가 밖에서 들어오면 귀가 맞이한다. 색깔은 안으로부터 통하여 눈에 나타난다.

만물의 유행지리는 소리나 빛깔 등을 추측해서 생겨날 수 있다. 유행지리는 자연법칙으로 인간이 더하거나 뺄 수 없다. 추측지리는 마땅함과 마땅치 못함이 있어 고칠 수 있다. 이것이 만물의 이치를 탐구하는 데 저절로 차이가 있는 까닭이다.

[《신기통》 권1, 〈리유기통(理由氣通)〉]

✤ 인간의 마음에 있는 추측지리는 인간이 추리하고 판단한 이치로서 마땅한 것도 있고 마땅하지 않은 것도 있다. 인간이 논리적으로 추론하는 과정에 오류가 있을 수 있기 때문이다. 그래서 마땅하지 않을 때는 고쳐야 한다. 반면에 유행지리는 자연법칙이기 때문에 인간이 어떻게 할 수는 없으나 경험과 추리를 통해 알 수 있다.

그런데 최한기는 만물의 유행지리는 소리나 빛깔 등을 추측해서 찾을 수 있다고 한다. 여기서 소리의 발생 및 전달과 듣는 과정은 소리가 공기의 진동에 따라 발생하여 마치 물의 파문처럼 공기[氣]를 통해서도 전달된다고 주장하고 있다. 그는 음파가 물 대신 공기라는 매질을 통해 파동의 형식으로 전달되는 것을 정확히 이해한 것으로 보인다. 그러나 그가 음파의 전달이 공기 분자들 사이의 압력 차이에 따라 파동을 이루어 진행된다고 하는 현대적 이론까지도 알았는지는 알 수 없다.

최한기가 말하는 색깔이 눈에 들어오는 과정에 대해서는 광학적인 면에서 정확하지 않다. 물체의 색은 눈에서 빛을 쏘아 보는 것이 아니라, 물체의 반사된 빛이 눈에 들어와 망막에 상이 맺혀 시신경을 통해 뇌가 인식하기 때문이다.

수학과 리

기의 운동이 번갈아 생기는 곳에는 규칙성이 있어서 그 운동이 저절로 빠르고 느린 데서 규칙성의 차이가 생긴다. 크게는 화성·수성·목성·금성·토성의 궤도와 작게는 일상생활의 일에 이르기까지, 실로 평범한 계산으로 그 규칙성을 억지로 헤아릴 수 없다. 여기에 수학이 있어서 기의 운동을 헤아리므로 리는 그 가운데 있다.

수학에서 한 번 더하고 한 번 빼는 것이 리가 아닌 것이 없다. 탐구한 리가 아무리 정교하고 치밀해도 수학적 논리에서 지나침이 없고 사물을 재서 헤아리는 것도 여기서 벗어나지 않는다.

기가 쌓이고 나뉘는 것은 수가 아니면 그 법칙을 이해할 수 없다. 리의 더하고 빼는 것은 수가 아니면 곱하고 나누는 것에 미루어 적용할 수 없다.

[《추측록》 권2, 〈수리(數理)〉]

✢ 최한기의 주장은 결국 기의 운동을 수리적 질서인 수학으로 나타낼 수 있다는 말이다. 사물에 대한 수리적 질서가 바로 리(유행지리)가 아닌가? 모든 기의 운동이 규칙성을 띠고 있는지는 말하고 있지 않지만, 그 가운데서도 규칙성을 띠는 기의 운동은 수리적 질서로 나타낼 수 있고, 이때 수학이 이용된다는 것이다.

그러므로 여기서 리는 물질의 법칙 개념임이 확인된다. 많은 법칙은 가령 아인슈타인의 상대성 이론 가운데 하나인 $E=MC^2$(에너지=질량×광속²)처럼 수학적 기호로 표시되고 있다. 그리고 이러한 주장은 근대 과학이 수학과 긴밀한 관계가 있다는 것을 보여 주고 있다.

그런데 여기서 '더하고 빼는 것은 수가 아니면 곱하고 나누는 것에 미루어 적용할 수 없다.'라는 말은 무슨 뜻인가? 이치상 덧셈과 뺄셈은 각각 곱셈과 나눗셈과 관계가 있다는 말이다. 가령 2+2+2+2=2×4로 나타낼 수 있고 12-4-4-4=0은 12÷4와 관계되는 것과 같다.

3. 인간이란 무엇인가?

인간의 육체와 마음의 근원

자식의 형질은 부모의 정혈(精血)을 이어받아 두 기운이 서로 합하여 이루어지므로, 반드시 부모와 서로 비슷하거나 닮은 데가 있다. 그런데 밝은 마음을 이루는 기는 형질을 따라 생기고, 익히고 경험한 것에 따라 통한다. 이것은 마치 심은 곡식이 밭에 따라 다르게 자라는 것과 같다. 그러기는 하나 다만 메마른 곡식을 살찌게 하거나 작은 것을 크게 바꾸는 것에 지나지 않으니, 보리가 벼로 되거나 콩이 팥이 되게 할 수는 없는 것과 같다.

그러나 그것이 천지의 신기를 도움받는 점에서는 금년의 곡식이나 작년의 곡식이나 천 년 백 년 후의 곡식이 모두 동일하다.

그러므로 인간의 조상과 자손은 처음에는 천지의 신기를 따라 질을 이루어 차차 형질을 후손에게 전한다. 이 형질은 천지의 신기 가운데서 한 개체의 처음과 끝을 이루면서 스스로 형질의 신기를 갖고 있다.

신기는 하늘과 땅과 사람이 모두 동일하다. 그러나 형질은 하늘과 땅과 사람이 제각기 다르다. 형질이 크면 신기도 크고 형질이 작으면 신기도 작다. 큰 것은 작은 것으로부터 도움받는 것이 없으며 작은 것은 큰 것을 헤아리기 어렵다.

사람이 천지의 신기에서 헤아린 것은 단지 작은 체구가 접한 것과 눈과 귀로 통하는 것뿐이다. 그러므로 인간이란 해양의 물방울이나 육지의 작은 티끌과 같다. 이러한 물방울이나 티끌로 어찌 해양과 육지의 큰 몸체와 작용을 다 완수할 수 있겠는가? 하물며 한 몸의 신기로서 천지의 신기를 다 헤아릴 수 있겠는가?

이미 사람의 몸이 되었으니 마땅히 형질이 생긴 까닭을 탐구하여, 천지로부터 받은 신기가 형질에 따라 다르다는 것을 통달해야 한다. 어느 한 형질은 살고 있는 곳의 물과 토양, 부모의 정혈을 기초로 생성되고, 인간이 익힌 것은 천지의 신기에서 이루어진다.

대인국·소인국과 기괴한 모습을 지닌 사람이 사는 곳은 토질 때문이다. 또 그 가운데서 강하고 약함과 맑고 탁함, 아름답고 추함의 구분이 있는 것은 부모의 정혈이 화합하는 데 달려 있다.

그러므로 사람 몸의 신기가 생성되는 요소는 네 가지니, 첫째는 하늘이요, 둘째는 토질이며, 셋째는 부모의 정혈이요, 넷째는 보고 듣고 익힌 것이다. 앞의 세 요소는 이미 정해져 있어 뒤쫓아 고칠 수 없으나, 네 번째 요소는 참으로 변통의 공부가 된다.

[《신기통》 권1, 〈사일신기(四一神氣)〉]

✤ 인간은 형질과 신기로 이루어져 있다. 여기서 형질은 육체를 말하고 신기는 마음을 말한다. 중요한 것은 마음은 육체의 자연적 조건

에 따라 생기지만, 경험과 같은 학습을 통해서 성장할 수 있다는 것이다.

최한기는 사람의 마음인 신기가 생성되는 요소로, 하늘의 토질과 땅의 토질, 부모의 유전, 학습 이렇게 네 가지를 들었는데, 앞의 세 가지는 선천적으로 주어지는 것이며, 인간의 형질인 육체를 구성하는 데 결정적인 요소라고 보았다.

특히 최한기는 인간이 자신이 경험하고 익힌 것을 통해 신기(마음)를 발전시켜 나갈 수 있다고 보고 네 번째 요소인 학습의 중요성을 말하고 있다.

인간의 신기란 무엇인가

신(神, 정신)이란 기의 정화(精華)다. 기란 신의 토대와 바탕이다. 우리가 알고 깨닫는 것은 신의 밝음이 사물을 경험하는 것에 따라 생기고, 우리가 움직이는 것과 같은 신체의 행동은 기력(氣力)이 나아가는 것에 따라 이루어진다. 행동이란 마음이 아는 것에 따라 시작되고 마음의 앎이란 행동을 따라 확립된다. 모두 신기가 작용하는 것을 벗어나지 않는다.

혈액이란 신기의 토대와 바탕이고, 오장육부와 살은 혈액의 토대와 바탕이다. 또 근육과 뼈와 피부는 오장육부와 살을 유지하고 지탱한다. 이렇듯 한몸 안에서 갖추어진 여러 기관은 서로 돕고 의지하여 신기를 배양한다.

그리고 외부에서 접촉하고 있는 여러 사물들은 신기를 통해 도달된다. 이것은 사람마다 본래 갖고 있는 것이다. 신이 밝게 아는 것과 기가 힘써 행하는 것은 그 사람의 공부와 관계되는데, 스스로 체득하여 사용하는 데는 우열이 있고 사람마다 같지 않다.

[《신기통》 권1 〈지각우열종신기이생(知覺優劣從神氣而生)〉]

✤ 이 글은 신기가 주로 인간의 정신 작용과 관계된다는 주장이다.

여기서 최한기가 말하는 신은 하느님과 같은 신적인 존재가 아니다. 비록 신과 기를 이론적으로 나누어 설명할 수 있지만, 이 둘은 서로 다른 독립된 존재가 아니다. 신이란 기의 정화일 뿐이다. 가령 기름과 불을 생각해 보자. 불의 밝음은 기름의 정화며 기름은 불의 바탕이다. 여기서 기름이 없다면 불의 밝음이 없듯이 기가 없으면 신도 없다. 이렇게 불은 신에 기름은 기에 비유할 수 있지만, 불이 기름을 바탕으로 해서 생기듯 신은 기를 바탕으로 해서 나오는 것이니 근원적으로 하나라고 볼 수 있다.

따라서 인간의 몸에서 정신 작용과 같은 것은 신의 일이다. 우리 몸속 기관마다 모두 기가 있는데 신은 그 기의 특수하고도 신비한 모습을 의미한다. 우리가 쓰는 정신(精神)이란 말속에 이미 신(神)자가 들어 있지 않은가?

그런데 앞에서 신기(마음)는 육체가 가진 형질의 특성에 따라 생긴다고 했다. 그래서 오장육부 등의 인체가 마음을 생성할 수 있는 바탕이 된다. 곧 우리의 정신이란 종교에서 말하는 영혼처럼 신이 육체에 부여한 것이 아니라, 육체적 조건에 따라 생성되는 것임을 말하고 있다. 즉 혈액, 오장육부, 근육과 뼈와 살이 단계적으로 마음의 바탕이 된다는 것이다.

그러므로 신기는 기의 또 다른 이름일 뿐이며 기와 별도로 존재하는 것이 아니다. 다만 인간의 마음을 가리킬 때 기름의 불꽃처럼 기의 정화로서 강조될 뿐이다. 이렇게 본다면 인간의 마음, 곧 정신 현상은 기의 뛰어나면서도 특수한 작용인 것이다. 우리 조상들이 보통 마음을 심기(心氣)라고 표현한 것과 동일한 맥락이다.

따라서 인간의 마음을 기의 특수한 현상으로 이해하는 것은 현대 의학이 인간의 뇌에서 일어나는 물질의 종류와 작용을 연구함으로써 인간의 정신 작용을 이해하려는 것과 동일한 과학적 입장에 서 있다고 볼 수 있다.

그런데 최한기는 왜 군이 이렇게까지 정신을 육체의 현상으로 한정시켰을까? 여기에는 특별한 의도가 있다. 사실 최한기의 이 같은 주장은, 인간의 영혼이 자연적 육체와 달리 특별히 신이 인간에게 부여한 것이기 때문에 영원불멸하다는 선교사들의 주장에 대한 반론이었던 것이다.

선교사 가운데에는 인간의 영혼에는 동물들과 달리 이치를 추론할 수 있는 능력도 있어서 인의예지(仁義禮智)와 같은 인간의 성품도 추리할 수 있다고 주장하는 이도 있었다.

최한기는 바로 이러한 영혼에 해당하는 인간의 신기는 신이 준 것이 아니라 육체와 함께 자연적으로 생기는 것이며, 죽은 뒤에는 자연 속에 흩어져 다시 기로 돌아간다고 보았다. 그리고 그는 영혼의 능력에 해당하는 개념을 신기의 신으로 대신하고, 그 신기가 경험과 추측을 통해 사물을 인식하게 된다고 주장한다.

인간과 사물의 본성과 성질

하늘의 기와 땅의 질을 받은 인간과 물건에는 본성과 정(情)이 있지 않을 수 없다. 그 생긴 대로의 이치를 본성이라고 말하고, 그 본성이 드러나 작용하는 것을 정이라고 부른다. 대개 생긴 대로의 이치는 보기 어려우나, 그 본성이 드러나 작용하는 것은 쉽게 안다. 그러므로 그 정을 추리하여 그 본성을 판단한다.

인간과 물건은 모두 본성과 정을 갖고 있다. 인간의 성정(본성과 정)으로 물건의 성정을 헤아려 하나의 근본적인 법칙을 찾아내면, 성정에 대해 알고 있는 것이 거의 한쪽으로 치우치지 않을 것이다.

인간의 본성은 인의예지(仁義禮智)고, 정은 희로애락이다. 금속이나 돌이나 나무나 풀의 본성은 견고하거나 강하거나 부드럽거나 질긴 것이며, 정은 가물면 바삭바삭 마르고 비오면 젖는 것이다. 희로애락이라는 인간의 정을 가지고 인의예지라는 본성을 판단하는 것은, 마치 금속 · 암석 · 나무 · 풀이 가물면 바삭바삭 마르고 비오면 젖는 정을 가지고 견고하거나 강하거나 부드럽거나 질긴 본성을 판단하는 것과 같다.

[《추측록》 권3, 〈인물성정(人物性情)〉]

✤ 인간과 물건의 성정(性情)을 논했는데, 성정은 동양 철학에서 특히 인간을 논할 때 다루는 주요 개념이다. 보통 성이란 인간의 본성을 말하지만 최한기는 물건의 성질까지 확대해 적용하고 있다. 정은 번역하기 어려운 말로서 인간의 감정으로 보는 경우도 있지만 정확히 일치하는 용어는 아니다. 최한기는 정을 인간의 감정을 포함한 사물의 본성이 드러나 보이는 현상이나 성격 또는 작용으로 보았다.

그런데 여기서 최한기가 말하는 본성은 인간에게 있어서는 윤리적인 것이지만 사물에 있어서는 성질 개념과 유사하다. 가령 "금속이나 돌이나 나무나 풀의 본성은 견고하거나 강하거나 부드럽거나 질긴 것"과 같이 표현된다.

그래서 사물의 본성 개념이 과학적인 성질 개념으로 나아가고 있는 점을 확인할 수 있다. 이는 사물이 드러내는 작용이나 현상을 경험적으로 관찰하고 또 추리를 통해 그 사물의 본성을 이해할 수 있다는 주장이다.

여기서 최한기는 인의예지를 인간의 본성으로, 희로애락을 정으로 보았는데, 이는 성리학적 전통을 이어받은 측면이다. 원래 인의예지는 착하고 정의롭고 예절 바르고 지혜로운 성품을 말한다. 희로애락은 기뻐하고 성내고 슬퍼하고 즐거워하는 감정을 말한다. 또 여기에 사랑하고 미워하고 욕망하는 감정을 합쳐 칠정이라고 부른다. 모두 윤리적인 것과 관계가 있다.

그렇다면 최한기가 인의예지를 인간의 본성으로 보는 것은 성리학의 입장과 같은가? 그렇지 않다. 그가 비록 성리학적 전통을 이어받았으나 리와 기의 관계에서 볼 때는 성리학적 관점과 큰 차이가 있음은 이미 앞에서 실체와 속성을 소개할 때 알아보았다.

성리학에서는 '인간의 성품이 곧 하늘의 이치'라는 성즉리(性卽理)의 논리를 가지고 인의예지가 곧 영원불변하는 하늘의 이치라고 못 박아 버리고, 기와 독립된 절대적인 존재라고 여겼다.

그러나 최한기는 인의예지란 인간이 없으면 존재할 수 없는 인간의 속성이라고 보았다. 그는 비록 인의예지가 인간의 성품으로 존재하는 것을 인정했으나, 그것은 인간의 육체를 떠나 독립적으로 존재하는 하늘의 이치가 아니라고 보았던 것이다.

본성의 같음과 다름

천하 만물의 본성이 같은 점을 말한다면 옛날이나 지금이나 이 물건과 저 물건이 다르지 않다. 그러나 본성이 다른 점을 말한다면 어찌 다만 사람과 물건의 경우만 다름이 있겠는가? 형체에 늙음과 젊음이 있다면 본성에도 늙음과 젊음이 있다. 본성에 늙음과 젊음이 있다면 정에도 늙음과 젊음이 있다.

천하의 만물이 기를 받아서 생겨난 것은 동일하므로 같지 않은 곳이 없다. 그러나 만물이 형질을 이룬 것은 비단 사람과 물건이 다를 뿐만 아니라, 한 물건의 처음과 끝 또한 다르고, 거처한 곳과 익힌 것에 따라 또한 다름이 있다. [《추측록》 권3, 〈성유동이(性有同異)〉]

✤ 최한기는 보편적으로 만물은 같은 기를 받아서 생겨났으므로 모든 사물은 공통적인 본성이 있다고 보았다. 반면 만물은 서로 다른 질을 가지고 있으므로, 서로 다른 물건끼리는 물론이고, 같은 사물 속에서도 시기에 따라 그 본성이 다를 수도 있다는 점을 분명히 했다. 이는 만물이 언제나 공통점과 차이점을 가지고 있다는 뜻이다.

이 점은 매우 과학적인 입장이다. 본성 개념을 정통 유학자들이 윤리적인 것으로 이해했다면, 최한기는 사물의 성질 개념까지 이해했기 때문이다.

선과 악

본성에 있어서는 따르거나 어긴다 말하고, 정(情)에 있어서는 선하거나 악하다고 말한다. 그러므로 정이 선한 것은 그 본성을 잘 따랐기 때문이고, 정이 악한 것은 그 본성을 어겼기 때문이다. 따르거나 거스르는 것은 마음이나 행동이 감촉하여 움직이는 싹이다. 선악이란 본성을 따르거나 어긴 결과에 따른 길흉(吉凶)이다.

여기서 알 수 있는 것은 고요한 본성이 드러나 움직이는 정이 되고, 드러난 정과 감추어진 본성이 서로 뿌리로 연결되어 근본(본성)과 말단(정)을 다르게 부른다는 점이다.

만약 정의 선악을 본성의 선악 때문이라고 말한다면, 이때의 선악은 본성과 정에서 분별이 없고, 선악의 근원에 대해 알지 못하기 때문에 결국에는 성실한 데로 돌아가는 노력을 하기 어렵게 된다. 또 만약 정의 선이 본성에서 유래하고 정의 악은 본성에서 유래하지 않는다고 말하거나, 또 만약 정의 악은 본성에서 유래하나 정의 선은 본성에서 유래하지 않는다고 말한다면, 선악이 제각기 성정에 해당되는 것이 되므로 맹자의 성선설과 순자의 성악설은 후대 사람들에게 논란거리만 늘어나게 할 뿐이다. 그리고 만약 정의 선악이 본성에서 유래하지 않는다고 말한다면, 본성과 정이 서로 관계가 없어서 선악에는 근거가 없게 된다.　　　　　[《추측록》 권3, 〈성순역정선악(性順逆情善惡)〉]

✦ 동양에서 예부터 논의해 온 인간 본성의 선과 악에 대해 최한기 자신의 견해를 드러내고 있다.

유학 전통에서 보는 선악 문제는 크게 두 가지로, 인간의 본성이 선하다고 보는 맹자의 성선설과, 악하다고 보는 순자의 성악설로 구분된다. 두 견해는 모두 인간 본성이 날 때부터 이미 선 아니면 악으로 정해져 있다고 보는 관점이다.

여기서 맹자의 성선설 전통을 따른 성리학은 인간의 본성은 본래 선한 것이지만, 인간의 행동에 선하지 않은 점이 있는 것은 정(情) 때문이라고 본다. 본성이란 원래 직접 드러나지 않는 이치로서만 존재하고, 정을 '비로소 본성이 드러나는 심리적인 활동'으로 여겨서, 본성은 선한데 감정에서 선한 것과 선하지 않은 것이 생기는 이유를 따졌다. 다시 말해 본문의 "정의 선이 본성에서 유래하고 정의 악은 본성에서 유래하지 않는다."라는 관점이다. 이황과 기대승, 그리고 이이 등 조선 시대 선비들이 문제 삼는 것도 바로 이 부분이었다. 본성은 선한데 정에서 불선(不善)이 생기므로, 선한 정과 선하지 않은 정의 근원이 같은지 다른지를 따지는 문제였다. 이는 이황과 기대승이 8년간 논쟁을 벌인 사단칠정(四端七情) 논쟁의 핵심이기도 하다.

정에 대한 요점만 말하면 감정 그 자체는 불선이 아니며 또 선하면서 순수한 감정도 있지만, 불선이 생기는 것은 인간이 감정을 잘 조절하지 못하기 때문이다. 그리고 이렇게 감정 조절이 잘 안 되는 이유는 인간에게 있는 기질 때문이다.

최한기는 일단 인간의 본성이 선이나 악으로 미리 정해져 있다는 맹자나 순자의 두 견해를 모두 따르지 않았다. 《맹자》에 등장하는 고자(告子)의 생각처럼 본성이 선악으로 정해진 것이 아니라고 못 박는다. 대신 선악은 인간의 의지나 행동이 본성을 따르느냐 따르지 않느냐에 따라 결정된다고 보았다. 최한기가 '본성에 있어서는 따르거나 어긴다 말하고, 정에 있어서는 선하거나 악하다고 말한다.'라고 한 것이 그런 의미에서다. 곧 정이란 본성이 밖으로 드러나는 인간의 심리 현상으로, 그 과정에서 본성을 따르거나 어기게 된다는 것이다.

가령 배가 고플 때 음식을 먹는 일은 인간의 본성이지만, 배가 고픈 것을 몸으로 느껴 행동하는 것은 정의 일이다. 그때 배가 고프다는 것을 느껴 음식을 먹으면 본성을 따르는 것이므로 자신에게 선한 일이요, 실제로 배가 고픈데 배가 고프다는 것을 느끼지 않거나 느끼더라도 먹지 않으면 본성을 어기는 일이니, 자신에게 선하지 않은 일이 되는 것이다.

그러므로 선악의 문제는 인간 의지가 선택한 결과로서 생기는 문제라는 것이다. 이 부분이 이전의 성리학과 분명히 다른 지점이다. 선악이란 본성에 미리 정해진 것이 아니라 인간 선택의 문제임과 동시에 인간 의지의 문제라고 본 것이다.

이 견해는 매우 중요하다. 인간의 본성이 날 때부터 선이나 악으로 정해져 있다면 그것은 개인의 책임이라기보다는 운명적인 것이므로 행동의 결과에 대해 개인의 책임을 묻기가 어렵다. 반면 선과 악이 인간 의지의 선택 문제라면, 그 결과에 대해 인간이 당연히 책임을 져야 하므로 그만큼 인간의 책임성이 강조된다고 볼 수 있다.

결국 최한기는 본성을 어기면 악이고, 따르면 선이라고 했는데 이때 선하냐 악하냐의 방향을 결정하는 기준이 본성에 있다고 보았다. 그렇다면 본성에는 어떤 것이 있을까? 그의 이론에서 쉽게 추론할 수 있는데 하나는 자연적 본성이고, 다른 하나는 인의예지와 같은 윤리적·사회적 본성이다.

자연적 본성은 먹고, 마시고, 짝짓고, 원하는 것을 취하고자 하는 인간의 욕구와 관계된다. 그것을 따르면 선이라고 보는 것은 인간의 자연적 욕구를 긍정하는 측면이다. 또한 윤리적·사회적 본성인 인의예지를 따르면 선이라는 것은 인간 사회의 질서를 존중하면 선이라는 뜻이다. 오늘날에도 우리는 인간의 자연적 욕구를 인정하면서 동시에 사회 질서를 유지하려는 태도를 갖고 있다.

과거 조선 시대에는 인간의 자연적 욕구와 욕망이 지나치면 악으로 빠질 수 있다는 우려 때문에 이를 억제해서 사회 질서를 유지하려고 했다. 그 결과 상공업의 발전이 늦어 근대적 국가로 성장하는 데 어려움을 초래했다.

이에 비해 최한기는 인간의 자연적 욕구와 욕망을 긍정함으로써 일반 민중의 경제적 지위를 향상시키는 것을 긍정적으로 보았다. 그러므로 그의 철학에는 현실 개혁적 의지가 있었음을 알 수 있다.

정이란 좋아함과 싫어함의 두 종류뿐이다

인간은 살아가는 데 마땅한 것을 좋아하고 마땅하지 않은 것을 싫어한다. 정이 드러나는 데에 명칭이 비록 일곱 가지가 있으나, 실은 좋아함과 싫어함, 두 가지뿐이다.

일곱 가지 정이란 기쁨·분노·슬픔·즐거움·사랑·미움·욕구를 말한다. 정으로 드러나는 데에 어찌 이같이 많은 실마리가 있는가? 그 실상을 찾아보면 대개 좋아함과 싫어함만 있고, 그 좋아하고 싫어하는 것을 따라 제각기 깊고 얕음의 차이가 있어 여러 이름을 갖게 되었다.

싫어함이 절실하면 슬픔이 되고, 싫어함이 격하면 분노가 된다. 좋아함이 드러나면 기쁨이 되고, 좋아함이 분명해지면 즐거움이 되며, 좋아함이 사물에 미치면 사랑이 된다. 또 싫어하는 것을 피하고 좋아하는 것을 좋음이 욕구가 된다.

그러나 추측을 잘하는 사람은 그 좋아하는 것을 좋아하고 그 싫어하는 것을 싫어한다. 추측을 못하는 사람은 그 미워하는 것을 좋아하며 또 그 좋아하는 것을 싫어하여, 남이 좋아하는 것을 미워하고 남이 싫어하는 것을 좋아하게 된다.

[《추측록》 권3, 〈칠정출어호오(七情出於好惡)〉]

✤ 앞에서 최한기는 인간이 자신의 의지나 감정으로 자기의 본성을 따르느냐 어기느냐에 따라 정의 차원에서 선악이 나뉜다고 말했다. 그런데 인간의 정이란 원래 일곱 가지를 말하지만 여기서는 사실상 좋아함[好]과 싫어함[惡]의 두 가지로 분류할 수 있다고 본 것이다.

그러므로 인간이 살아가는 데 마땅한 것을 좋아하고 마땅하지 않은 것을 싫어하면 선이지만, 마땅한 것을 싫어하거나 마땅하지 않은 것을 좋아하는 것은 악이라고 추리할 수 있다.

여기서 최한기가 말하고자 하는 핵심은 선악이란 자연적으로 미리 정해진 것이 아니라 인간의 가치 판단에 따른 것이고, 그 뿌리는 호오 감정이라는 것이다.

4. 지구와 우주

기와 지구의 대기

기의 탁한 찌꺼기가 몽기(蒙氣)며, 몽기의 탁한 찌꺼기는 물이다. 물의 탁한 찌꺼기는 진흙이고, 진흙이 굳게 엉기면 흙이나 암석이 된다. 흙과 암석의 커다란 덩어리가 지구다. 지구는 둥글며 달보다 크나 태양보다 작다.

땅에서 거리가 멀수록 기는 맑고, 땅에 가까울수록 기는 점점 탁해진다. 지구를 중심에 놓고 볼 때에 맨 바깥의 기는 몽기를 둘러싸고 있으며 몽기는 또 물과 흙을 둘러싸고 있다. 마치 물건을 여러 겹으로 싸고 있는 것과 같다. 그러나 싸고 있는 것에도 틈이 없이 안과 밖이 서로 붙어 있다. 마치 인체의 피부와 살, 피와 뼈처럼 서로 붙어서 한 몸을 이루고 있다. 다만 맑고 탁한 구별이 있을 뿐이다.

[《추측록》 권2, 〈지체몽기(地體蒙氣)〉]

✤ 최한기는 지구도 기로 형성된 물체라고 본다. 곧 지구를 구성하는 물질은 흙과 암석이고 그 근원은 기라고 보았다. 그래서 만물을 분석해 보면 우선 기의 탁한 찌꺼기를 몽기라고 하고, 몽기의 탁한 찌꺼기를 물이라고 하는 데서 몽기는 기에 수증기와 먼지 등이 포함된 지구의 대기를 말한다.

여기서 '기는 대기(몽기)를 둘러싸고, 대기는 또 물과 흙을 둘러싸고 있다.'라는 학설은 실제로 지구를 둘러싸고 있는 물질을 정확히 보았다고 할 수 있다. 이런 설명 방식은 아리스토텔레스가 말한 불·공기·물·흙의 4원소가 지구상에서 일정한 자리를 본래부터 차지하고 있었다는 이론을 수정·보완한 내용이다.

최한기는 서양 선교사들이 저술한 《공제격치》 등의 책을 통하여 아리스토텔레스의 자연에 대한 이론을 읽었는데, 아리스토텔레스의 주장은 지구는 둥근 형태로서 가장 바깥에 있는 불이 공기를, 공기가 물을, 물이 흙을 둘러싸고 있다고 설명한다. 여기서 최한기는 불 대신에 기를, 공기 대신에 몽기를 넣어 수정했다.

그의 이러한 설명의 의도는 지구도 기로 이루어져 있으며 우리 인간이 과학으로 파악할 수 있는 대상이라는 점이다. 곧 옛날부터 신비롭고 경건하게 생각한 하늘과 땅이라는 것도 인간이 알 수 있는 대상이라는 점에서 우주 만물에 대한 무지몽매함에서 깨어나야 한다는 최한기의 의도가 깔려 있다.

지구와 여러 별

지구를 훤히 알고 있다는 것이 비록 지구를 하나의 둥근 흙덩어리로 알고 있다는 것이지만, 그 흙덩어리인 지구가 갖추고 있는 이치는 텅 빈 우주보다 더 절실하고 필요하다. 천체(우주)는 너무나 커서 그 한계를 알 수 없는데, 하물며 그 몸체와 구조가 어떤 것인지를 의논해 무엇하겠는가?

지구 안에서 멀리 쳐다봐 알 수 있는 것은, 태양과 달과 별의 운행의 도수와 그것들이 느리거나 빠르거나 일식·월식이 되거나 높고 낮은 것에 지나지 않는다. 그 천체가 운동하는 기관이 설령 시계의 톱니바퀴처럼 스스로 서로 연결되어 있다고 말해도, 그것은 기계를 사용하여 추측하고 비유한 것에 지나지 않는다. 거기에 인간이 헤아리기 어려운 신비로운 작용이 따로 있는지 어찌 알겠는가?

그러나 태양과 달은 몸집이 크고 지구와 가깝게 서로 응하여, 증험하는 것이 밝게 드러난다. 추위와 더위, 밤낮의 길고 짧음은 태양 때문이고 밀물과 썰물의 밀려오고 물러남은 달과 관계되는데, 이것은 특히 드러나 감출 수 없는 것이다.

지구는 하늘에 싸여 있으므로 여러 별들과 다를 바 없다. 하늘에서 간여하는 것이 어떤 일인지는 알지 못하나, 지구는 반드시 여러 별들을 의지하고 여러 별들도 지구를 의지하고 있는데, 여기에는 저절로 무시할 수 없는 어떤 법칙이 있다. 그러니 하늘에 차 있는 여러 별들이 어찌 이 지구만을 위해 배치되어 있겠는가?

인간은 지면에 두루 퍼져 있어 제각기 그 땅에 살면서 태어나고 없어지지만, 지구의 몸체와 작용을 모두 알 방법이 없다.

지금 천하만국에 언어가 전달되고 서적이 두루 통하여, 지구가 다 드러나고 지구의 대기가 크게 밝혀지고, 세상에서 연구하는 신기(神氣)를 부르짖어 인도하니, 천고의 의문이 이것으로 말미암아 바로 잡힌 것이 많고 정리된 것이 적지 않다.

추위와 더위의 다가옴과 물러남, 밤낮의 길고 짧음은 지구가 둥글기 때문인데 곳에 따라 같지 않다. 바람과 구름과 뇌성과 번개와 비와 이슬과 서리와 눈은 땅의 기가 증발하여 얽히고 맺혀서 이루어진다.

반짝이는 여러 별들은 그 규모가 하나같지 않고, 여러 가지 색깔로 변화하여 그 모습이 만 가지인데, 그것은 지구의 대기가 흔들려 인간이 바라보는 시선에 맺히기 때문이다.

[《신기통》 권1, 〈지체급제요(地體及諸曜)〉]

✛ 여기서 최한기는 지구와 우주에 대해 자신이 알고 있는 솔직한 견해를 드러내고 있다. 일식과 월식 및 밤낮의 길이, 그리고 밀물과 썰물 등의 사례를 들어 태양과 달의 운동과 관계된 지구 위의 여러 현상을 설명했다. 그리고 광학적 지식을 동원하여 관측되는 반짝이는 별 모양도 지구 대기에 의한 빛의 굴절로 설명했다. 대기의 기상 현상도 땅에서 증발되는 기에 의한 것으로 보았는데, 비록 그것을 구체적으로 수증기라고 표현하지는 않았지만 그런 관점에 근접하고 있다.

여기서 분명히 알 수 있는 것은 지구 중심설을 벗어나려는 시도가 보인다는 점이다. 최한기가 처음에 알게 된 천문학적 지식은 지구 중심의 천동설인 천주교의 신학적 우주관이었다. 그런 요소가 그의 글 여러 곳에 보인다. 예를 들면 여러 천체가 지구를 중심으로 시계의 톱니바퀴처럼 연결되어 있다는 것과 여러 별들의 운동 등이다.

그런데 이 글에서는 천동설을 비판하며 벗어나는 모습을 보인다. 이는 "지구는 하늘에 싸여 있으므로 여러 별들과 다를 바 없다. 하늘에서 간여하는 것이 어떤 일인지는 알지 못하나, 지구는 반드시 여러 별들을 의지하고 여러 별들도 지구를 의지하고 있는데, 여기에는 저절로 무시할 수 없는 어떤 법칙이 있다. 그러니 하늘에 차 있는 여러 별들이 어찌 이 지구만을 위해 배치되어 있겠는가?"라는 그의 말을 통해 알 수 있다.

지동설을 지지함

대단하다. 지구에 대한 이론이여! 천지의 바른 몸체를 밝혔고 천고의 긴 밤에서 깨어났다. 역술가(曆術家, 해와 달의 운행을 재어 책력을 만드는 사람)들이 비록 천체가 왼쪽으로 돈다고 한 것은 다만 계산의 간편함을 위한 것이요, 배우는 사람들은 지구가 오른쪽으로 도는 것을 알아야 천체와 연관된 운행을 알 수 있다.

땅은 둥글고 그것을 싸고 있는 대기는 태양 빛을 받아 구슬처럼 빛나므로 지구라 부른다. 땅은 바다와 함께 본래 하나의 둥근 공이다.

지구도가 중국에 처음 들어왔을 때 처음에는 의심하여 믿지 않다가 차츰 믿게 되고, 점차 그것이 바뀔 수 없는 진리임을 알게 되었다. 그러나 오히려 역법의 여러 설에 얽매어 지구가 움직인다는 이론을 석연치 않게 생각했다. 서양에는 지구가 움직이는 설에 근거하여 역법을 만들었고 그것을 사용한 지 오래되었다. 중국 또한 그 설을 아는 자가 있었다.

그러나 지구가 움직이는 것을 가지고 일곱 별(해·달·수성·화성·목성·금성·토성)의 운동에 증험(증거로 삼을 만한 경험)하는 것과 지구가 움직이지 않는다고 보고 일곱 별의 운동에 증험하는 것을 비교하면, 비록 같다고 보기는 어려우나, 실제로는 하늘의 일주 운동(지구의 자전 운동으로 인해 모든 천체가 천구와 함께 지구의 자전 방향과 반대 방향으로 도는 것처럼 보이는 운동)을 땅의 일주 운동으로 바꾼 것에 불과하다.

이렇게 말하는 것이 비록 실제적인 사실에 보탬이 되지 않겠지만, 그 이치를 강구하지 않을 수 없다. 무릇 여러 별들의 운행은 지구에서 멀어지면 그 운행 속도가 느려지고 가까우면 빨라진다. 지구가 태양을 돈다는 논의는 실제로 이치상 더 맞는 말이다. 밀물과 썰물의 이치에서 볼 때도 그 움직임을 단적으로 보여 준다.

[《추측록》 권2, 〈지구우선(地球右旋)〉]

✦ 이 글은 마치 우주에서 지구를 보듯이 지구를 잘 묘사하고 있다. 당시까지 있어 온 천동설과 지동설에 대한 이론을 나름대로 증거를 들어 결론을 맺고 있다. 최한기는 선교사들이 저술한 책을 읽었으므로, 처음에는 천동설에 근거한 선교사들의 천문학적 이론을 접했다가 점차 다른 천문학자들이 주장한 지동설의 입장을 반영하지 않을 수 없었고, 그것이 또 하나의 해결 과제가 되기도 했을 것이다.

여기서 최한기의 입장은 지동설을 지지하는 것으로 마무리된다.

지동설은 지구의 자전만이 아니라 공전까지도 포함된 내용이다.

그런데 지구가 오른쪽으로 돈다는 것은 대체 무슨 말일까?

최한기가 지구는 오른쪽으로 돈다고 한 것은 태양과 지구의 공전 도표에서 지구가 오른쪽으로 태양을 공전하고 있는 그림을 보고 말한 것으로 보인다. 그러나 이 또한 추측일 뿐 확실하지 않다.

지구가 돈다는 증거

밀물과 썰물이 항상 지구를 끼고 있어 바닷물이 이리저리 끌리고 밀리는 것은 지구가 달과 서로 응하기 때문인데, 달이 높으면 조수(潮水, 아침에 밀려왔다가 나가는 바닷물)가 줄고 달이 낮으면 석수(汐水, 저녁에 밀려왔다가 나가는 바닷물)가 넘친다. 이것이 지구가 도는 첫 번째 증거다.

여러 별 가운데 고도가 낮은 것은 운행이 빠르고 높은 것은 운행이 느리니, 이것이 지구가 도는 두 번째 증거다.

바다를 항해하는 범선이 서쪽으로 갈 때는 운행이 쉽고 동쪽으로 갈 때는 어려우니, 이것이 지구가 도는 세 번째 증거다.

지구가 하루에 한 바퀴 도는 것을 가지고 하늘이 하루에 한 번 도는 것으로 견주었으니, 이것이 바로 운동과 정지가 서로 바뀐 것이다. 그러므로 비단 지구가 둥글다는 것만 밝혀진 것이 아니라, 또한 지구가 돈다는 것 역시 더욱 밝혀진 것이 있다.

이미 지구의 몸체와 작용에 대해 밝혀진 것이 있으니, 만물과 만사의 변화와 변통에 대해서도 알 수 있는 방법이 있을 것이다.

[《신기통》 권1, 〈지체급제요(地體及諸曜)〉]

✤ 지구가 돈다는 사실을 뒷받침하는 구체적 사례를 들었다. 물론 공전과 자전이 포함된 내용이다. 중세 서양의 우주관은 정지된 지구를 중심으로 여러 천체가 도는 지구 중심설이었다. 그러나 최한기는 지구가 둥글다는 것만 아니라 돈다는 주장을 받아들여 그 증거를 제시하고 있다. 달과 지구의 운동에서 밀물과 썰물의 관계, 별의 운동, 항해의 쉽고 어려움 등이 지구가 도는 증거라는 주장이다.

지구의 궤도는 타원이다

태양과 별이 운행하는 궤도는 모두 타원이니, 천체가 완전한 원이 아님을 알 수 있다. 동지와 하지 때는 이미 태양에서 지구가 멀고 가까움이 있으니, 지구 또한 완전한 원의 가운데 있지 않음을 믿게 된다.

《역상고성후편(歷象考成後編)》에 서양인 카시니와 플램스틸 등이 천문을 정밀하게 살펴 관측했는데 여러 별의 운행 궤도를 타원을 가지고 실제적 관측에 증험해 보아 많이 부합되었으니, 역술가의 교묘한 계산법으로 그것을 논할 수 없을 뿐만 아니라, 천체는 완전한 원이 아님을 알 수 있다.

[《추측록》 권2, 〈일성도타원(日星道搹圓)〉]

✤ 이 내용을 읽다 보면 태양 중심설에 익숙한 독자들은 상당히 혼란스러울 것이다. 천동설인 지구 중심설과 지동설인 태양 중심설의 관점이 섞여 있기 때문이다. 즉 최한기가 처음에 태양과 별의 운행 궤도가 타원이라고 말한 것은 천동설이고, 뒤에서 지구의 궤도도 타원이라고 말한 것은 지동설이기 때문이다.

당연히 지구가 태양계의 중심은 아니다. 그러나 어찌 되었건 관측자의 입장에서 볼 때 여전히 지구 중심의 관측은 천문학(천구적도좌표계)에서 아직도 유효하다.

그러니까 이런 설명은 스웨덴의 천문학자 티코 브라헤(Tycho Brahe, 1546~1601)의 지구 중심설을 유지하면서, 케플러(Johannes Kepler, 1571~1630)의 타원 궤도설을 끌어온 것이다. 그래서 최한기는 태양과 별의 궤도가 타원이라고 하면서 지구의 궤도도 타원이라는 말하고 있는 것이다. 이 점은 그의 후기 저술 《지구전요》에서도 소개하고 있다. 최종적으로 태양 중심의 지동설을 따른다.

한편 위 글에 나오는 《역상고성후편(歷象考成後編)》은 중국에 온 독일 신부 쾨글러(Kögler, 戴進賢)가 1742년에 펴낸 책으로 타원 궤도설이 수록되어 있다.

네 계절과 밤낮이 생기는 까닭

하나의 둥근 태양이 지구를 데우고 굽는 것은 마치 한 개의 진흙 구슬이 커다란 화로 위에서 돌면서 구워지는 것과 같다. 지구의 몸체는 항상 따뜻한데, 태양이 바로 비추면 기가 더워 찌고 비스듬히 비추면 기에는 열이 적다. 이것이 네 계절이 나뉘는 까닭이다. 적도 아래에서는 봄 · 여름 · 가을 · 겨울이 한 해에 두 번 돌아온다.

지구의 반은 항상 태양이 비추나 반은 태양이 비추지 못하니 그것이 밤낮과 그 길고 짧음이 생기는 까닭이다. 또 북극과 남극에서는 반년은 낮이고 반년은 밤이다.

하늘과 땅 사이에는 오직 하나의 둥근 태양이 있어서 기를 따뜻하게 하고 만물을 덥힐 수 있다. 그러므로 지구가 따뜻함을 얻어서 만물을 생성한다.

그러나 태양의 궤도는 적도의 남북으로 출입하므로, 가령 적도 이북 지역의 경우 태양이 천정에 가장 가까우면 기가 더워서 여름이 되고, 천정에서 남쪽으로 차츰 멀어지면 기의 열이 적어져 가을이 된다. 또 천정에서 태양이 가장 멀면 기가 차가워져 겨울이 되고, 다시 북으로 향하여 천정으로 향하면 찬 기운이 줄어들어 봄이 된다. 이것은 네 계절의 기가 태양과 천정과의 거리에 따라 달라지는 것이다.

만약 적도가 천정이 되는 적도 아래에서 태양이 천정의 남북을 출입하는 것을 보면, 한 해에 네 계절의 기가 두 번 돌아 곡식을 두 번 수확할 수 있다. 곧 적도 지방의 태양이 남쪽으로 가서 천정에서 가장 멀면 겨울이 되고, 그다음 북쪽으로 돌아 다시 천정에 오면 여름이 되며, 그다음 천정에서 북쪽으로 가서 가장 멀어지면 겨울이 되고, 다시 남쪽으로 돌아 천정에 돌아오면 여름이 된다. 일 년 중 겨울과 여름이 두 번이니 그 사이에 있는 봄과 가을 또한 두 번임을 알 수 있다.

[《추측록》 권2, 〈주야동하생어태양(晝夜冬夏生於太陽)〉]

✢ 최한기가 태양이 지구를 비추는 각도에 따라 지구가 열을 얻어 네 계절이 생긴다고 본 것은 매우 타당해 보인다. 즉 태양의 복사열의 많고 적음에 따라 계절이 생기는데 그 복사열은 태양과 지구의 각도에 따라 달라져서, 태양의 고도가 가장 높을 때 열을 제일 많이 받는다는 것이다. 그래서 일반적으로 적도 지방이 덥다고 한 것이다.

문제는 계절에 따라 태양의 고도가 달라지는 이유에 대해서는 지구가 둥글다는 것 외에는 정확히 알지 못했다는 점이다. 사실 계절에 따라 태양의 고도가 달라지는 이유는 지구의 자전축이 공전 궤도면의 수직 방향에서 23.5도 기울어져 있기 때문이다.

그리고 최한기는 태양의 고도를 전 지구 차원에서 분석했다. 북반구의 경우 고도가 가장 높을 때 여름이 되고 가장 낮을 때 겨울이 된다는 점에 착안하여, 그것을 적도 지방까지 추리해 나갔다. 즉, 적도 지방은 태양이 천구의 남북으로 이동하기 때문에, 태양의 고도가 가장 높을 때와 낮을 때가 일 년에 두 번 찾아온다. 그래서 네 계절이 두 번 찾아온다고 말한다. 이론적으로 가능한 추론이다. 그러나 적도 지방은 위도가 높은 지역보다 연교차가 적어 상대적으로 온도가 항상 높기 때문에, 강수량의 차이와 지형적 조건으로 말미암아 온대 지방에서 보이는 전형적인 사계절이 두 번 나타나지는 않는다.

밤낮의 길이

지구가 둥글기 때문에 태양이 지평선에서 뜨고 지는 것이 동쪽이나 서쪽 지역에 따라 이르고 늦은 시각(時刻)상의 차이가 있을 뿐만 아니라, 물체 그림자의 길이도 지역에 따라 다르다.

적도를 천정으로 삼는 지역은 밤낮의 길이가 항상 고르고, 남극과 북극 지방은 적도가 지평선이 된다. 북극의 경우 춘분 후에 태양이 지평선을 따라 남쪽에서 서쪽으로 서쪽에서 북쪽으로 북쪽에서 동쪽으로 둥근 고리처럼 하늘을 돈다. 두 번째 고리는 첫 번째 고리보다 고도가 높고 세 번째 고리는 두 번째 고리보다 높아 하지 때가 되면 가장 높다. 하지에서 추분 때에 이르기까지는 다시 낮아져 지평선 위에 보인다. 이 반년이 낮이 되는 기간이다.

추분 후에는 태양이 지평선 아래에 있어 남극에서 볼 때 고리처럼 도는 고도는 북극의 경우와 같다. 춘분이 되기 전까지는 태양이 보이지 않으니 이 반년이 밤이 되는 기간이다.

이것으로 추리해 보면, 적도에서 북극에 이르기까지의 지역은 여름은 낮이 길고 밤이 짧으며 겨울에는 밤이 길고 낮이 짧은데, 각 지

역에 따라 차이가 있다. 적도 이남의 지역은 겨울과 여름과 낮과 밤의
길이가 이와 반대다.

[《추측록》 권2, 〈주야동하생어태양(畫夜冬夏生於太陽)〉]

✤ 지구가 둥글다는 증거를 재미있게 말했다. 만약 지구가 네모진
평평한 땅이라면 어느 곳이나 태양이 같은 시각에 뜨거나 지고 물체
의 그림자도 지역에 관계없이 같아야 하지만, 그렇지 않기 때문에 지
구가 둥글다는 것이 맞다는 주장이다. 또 관찰된 결과를 가지고 밤낮
의 길이를 추리했다. 특히 북극 지방에서 볼 수 있는 밤낮의 길이 변
화의 원리를 전 지구적 차원에서 적용시켰다.

사실 이 현상도 네 계절이 생기는 원리와 같은데, 지구의 자전축이
공전 궤도면의 수직 방향에 23.5도 기울어져 있기 때문에 생기는 문
제다. 최한기는 아직 이 점에 대해서 알고 있는 것 같지는 않다. 특히
적도 지방의 밤낮의 길이 차이는 위도가 높은 지역만큼 크지는 않지
만, 정확히 살피면 언제나 똑같은 것은 아니다.

그러나 이런 최한기의 주장조차 당시 조선 사회에서는 상상할 수
도 없는 지식이었다.

우리는
세상을
어떻게
아는가?

제 2 장_ 우리는 세상을 어떻게 아는가?

　　제2장에서는 '우리가 세상 만물에 대해서 어떻게 알게 되는가?'라는 앎의 문제를 다룬다. 이는 사물에 대한 어떤 지식을 탐구하는 것에 앞서 아는 방법에 대한 인간의 심리나 행동을 탐구하는 것으로 흔히 인식론이라 부른다.

　　이 문제는 근대의 서양 철학에 와서야 심도 있게 다루었고, 동양 철학에서는 크게 취급하지 않았다. 대신 어떻게 하면 바르게 사느냐 하는 문제에 집중했을 뿐이다. 과학적 탐구보다는 도덕이나 윤리에 관심이 많았기 때문이다. 이런 점에서 전통 철학자 가운데 앎의 문제까지 집중해서 다루고 저술을 남긴 사람은 최한기가 유일하다. 그런 만큼 최한기의 철학은 근대적인 요소를 담고 있었던 것이다.

　　그의 인식론의 핵심은 크게 경험, 추측, 증험의 세 단계로 이어지는데, 먼저 그는 앎이 어떻게 시작되는지를 다룬다. 최한기는 인식의 출발을 경험이라 보았는데, 경험이 없다면 인간은 아는 것이 없다고 잘라 말한다.

　　그리고 그는 경험이 무엇인지 구체적으로 분석해 준다. 우선 눈으로 보고 귀로 듣고 코로 냄새 맡고 입으로 맛보는 것부터가 경험이다. 더 나아가 다른 사람이 그렇게 경험한 것을 내가 듣고 아는 것도 경험이고 독서를 통해 아는 것도 경험에 속한다. 경험이 많은 자는 많이 알고, 경험이 적은 자는 적게 알며, 경험이 깊은 자는 앎도 깊고, 경험이 얕은 자는 앎도 얕다는 것이다.

　　이어서 최한기는 경험을 통해 얻은 앎을 논리적으로 재구성하는 단계를 추측이라 이름지었다. 서양 철학에서는 이를 인간 이성의 작용인 논리적 추론이라 부르는 단계다.

　　이러한 추측 작용을 통해 우리는 사물의 법칙이나 사물들 사이의 상호 관계를 밝혀 주는 이론적인 앎에 도달한다. 예를 들어 이론적 앎이란 보통 사람들은 구름이 끼어서 비가 온다고 생각하지만, 기상학자들은 찬 공기와 따뜻한 공기를 가진 구름이 만나 전선을 형성해 수증기가 응결하여 비가 내린다고 보는 것과 같은 내용이다. 이것은 실험과 관찰에 동원되는 인간의 사고 작용이 없이는 알 수 없는 것들이다.

그런데 이런 추측을 통해 이루어진 이론은 실제 사실에 맞을 수도 있고 맞지 않을 수도 있다. 가령 환자의 몸에서 열이 난다고 다 감기가 아니듯이, 열이 나는 현상에 대해 병명이 무엇인지 알려면 실제로 검증된 증거가 있어야 한다.

마찬가지로 인간이 사고 작용을 통해 추리해 낸 이론도 실제로 사실에 맞는지 구체적으로 증거와 입증이 필요한데, 최한기는 이를 증험이라고 불렀다. 그렇기 때문에 최한기는 경험으로 안 것, 마음이 추리해서 안 것, 그리고 증험을 통해 안 것을 구분하여 진정한 앎은 이렇게 증험까지 거쳐야 한다고 주장했다.

제2장은 이렇게 앎의 시작과 그 진행 단계를 설명한다. 여기서 최한기가 주장하는 핵심은 경험과 추측 그리고 증험의 단계를 거쳐 앎이 이루어지고 발전한다는 것이다.

1. 앎과 경험

아는 것은 경험 때문이다

신기(神氣)는 앎의 기본적 터전이다. 앎은 신기의 경험(經驗)이다. 신기를 앎이라고 불러도 안 되고, 또 앎을 신기라고 불러도 안 된다. 경험이 없으면 다만 신기만 있을 뿐이다. 경험이 있으면 신기에 저절로 앎이 있게 된다. 경험이 적은 자는 앎도 적고, 경험이 많은 자는 앎도 많다.

사람은 처음에 굶주림과 추위를 스스로 아는 것은 굶주림과 추위를 경험하는 데서 출발하여, 굶주림과 추위와 굶주리지도 춥지도 않은 것을 지각한다. 또 사람은 다른 인간과 동물의 굶주림과 추위를 많이 경험하여 굶주림과 추위 및 굶주리지도 춥지도 않은 것을 지각한다.

이렇게 수십 년 동안의 경험으로 그 앎에 통달하게 되면 평생 동안 그 앎을 사용하게 되는 것일 뿐만 아니라 후세 사람들이 지식을 사용하는 데에도 도움이 되게 한다.

만약 경험한 것을 앎으로 삼지 않고 앎이 유래한 것을 찾고자 한다면, 그 형세는 어쩔 수 없이 심오하고 원대한 것을 찾게 된다. 그래서 혹 신기의 밝음에서 구하거나 혹 기(氣)의 신비함에서 찾기도 한다. 이렇게 앎의 근원을 찾고자 하는 노력으로 한갓 수고롭게 마음만 허비

하니, 그 앎을 찾는 것이 이미 그 근원을 지나칠 뿐만 아니라, 도리어 맑은 신기를 혼탁하고 흐리게 만든다.

[《신기통》권1, 〈경험내지각(經驗乃知覺)〉]

✤ 이 글을 이해하려면 먼저 신기와 앎과 경험을 정확하게 알아야 한다. 최한기의 초기 철학에서 신기는 앞에서 밝혔듯이 보통 만물의 근원인 기를 말하기도 하지만, 여기서는 인간의 마음을 말하고 있다. 앎이란 우리가 어떤 사물에 대해 안다고 할 때 알게 된 내용으로, 마음에 저장된 대상에 대한 표상(表象)이다. 또 경험이란 몸소 겪는 체험이다.

그렇다면 이 글에서 최한기가 전하고자 하는 핵심은 무엇인가?

우선 안다는 것은 마음의 경험이라는 점이고, 마음과 앎은 다르다는 점이다. 마음은 경험과 상관없이 스스로 있는 것이지만, 앎이란 마음이 경험을 통해 대상의 내용을 저장한 것이니, 경험이 없다면 마음만 있다. 그러므로 많이 안다는 것은 경험이 많다는 뜻이 된다.

결국 인간은 경험을 통해 알기 시작하며 반복적인 경험으로 그 상황이나 반대 상황을 보다 잘 알게 된다. 그러므로 앎에 대해 이러한 마음과 경험의 관계를 이해하지 못하고, 마음속에 신비한 무엇이 처음부터 갖추어져 있다고 믿고 이것을 찾고자 한다면, 실제 사실과 거리가 멀어질 수밖에 없다는 것이다.

그런데 최한기는 왜 마음과 앎을 분리했을까? 그것은 성리학이나 양명학에서 경험 이전에 이미 마음에 온갖 이치가 갖추어져 있다고 주장했기 때문에 그에 대한 반론을 제시한 것이다.

앎의 근원

옛 성현들이 쓴 경전(經傳)은 성현들이 알게 된 내용이다. 후세 사람들이 기록하고 서술한 것은 후세 사람들이 알게 된 내용이다. 그 표현된 것들은 이전에 기억된 생각을 드러내 사용한 이후의 일이므로, 두루 응하고 자세하고 온당하니 옳지 않음이 없다. 혹 그 가운데 실정에 어둡거나 치우친 말이라도 어찌 한 모퉁이 정도 맞는 것이 없겠는가?

이 《신기통》의 커다란 공적과 이익은 사물을 알게 되는 방법에 달려 있다. 처음 알게 된 것에서 시작하여 매번 삼가 살펴서 스스로 경험을 통해 얻은 것을 앎의 근원으로 심어 두어야 한다.

대개 앎이란 내가 밖으로부터 얻어 온 것이지, 마음속에 본디부터 갖추고 있는 것이 아니다. 그러므로 사람들이 얻은 앎에는 저절로 좋고 나쁨과 우수함과 열등함이 있다. 처음 앎을 얻을 때부터 그 근본을 바르게 하면, 얻은 앎도 밝고 그 앎을 사용하는 것에 통달하게 된다.

반면에 그 근본이 바르지 못하면, 얻은 앎이 밝지 못하고 사용 또한 어둡게 된다. 그러므로 사물을 잘 아는 효과는 오로지 앎을 얻는 첫머리에서 근본을 바르게 하고 앎을 배양하는 데 달려 있다.

옛사람들이 대부분 앎을 태어날 때부터 이미 타고나는 것으로 생각하여, 다만 타고난 본성과 명(命)에서 근본을 단정히 하고 근원을 맑게 하는 공부에만 탐구했으니, 이것은 애초에 타고난 기질을 따라 공부하는 것이다.

경험을 통해 아는 것과 태어날 때부터 타고난다는 두 가지 견해를 서로 비교해 보면, 아는 것에 효과가 많고 적은 차이, 공부를 잘하는 것과 못하는 것의 차이가 저절로 있다.　　　　[《신기통》 권1, 〈지각근원(知覺根源)〉]

✤ 모든 서적에 나타난 글이란 모두 글을 쓴 사람들이 경험한 것을 마음속에 기억한 이후의 내용이라고 할 수 있다. 다시 말하면 사람들이 어떤 생각을 나타내는 것은, 이미 그 이전에 어떤 사물을 경험한 내용을 밖으로 드러낸다는 뜻이다.

그래서 최한기는 인간의 앎이란 적어도 그 시작은 경험을 통해 밖으로부터 유래한다고 보았다. 이것은 인간이 앎을 본래부터 타고난다는 학설에 대한 반론이다. 동시에 불교와 같은 종교에서 말하는 윤회설에 근거해 전생에 대한 앎이 있다는 주장에 대한 비판이기도 하다. 따라서 인간 스스로 경험을 통해 얻은 것을 앎의 근원으로 삼아야 진정한 앎에 이르게 된다는 주장이다.

사물을 알게 되는 요소

사람의 몸에는 바깥의 사물을 아는 신기(마음)와 그것을 알 수 있는 감각 기관, 그리고 몸 바깥에서는 경험되는 만물이 제각기 자신의 신기를 드러내고 있다. 이렇게 되어야만 아는 방법의 방향이 바르고 곧으며, 또 그 단계가 완전하다.

한 가지 일을 알고 두 가지 일을 알면 점차 아는 힘이 생기니, 힘써 노력하지 않더라도 그 진보가 점차 용맹스럽게 되어, 남이 알기 어려운 것도 알 수 있다. 또 알지 못하는 사람으로 하여금 가르쳐 알게 할 수 있다.

이것이 어찌 다른 방법이 있어서 그러겠는가? 처음에는 신기에 나아가 신기를 알고, 이 사물을 가지고 저 사물을 알다가, 마침내 저 사물을 가지고 멀리 있는 사물을 알고, 사물이 있는 것을 가지고 사물이 없는 것을 아는 데 이른다. 그러니 평생 동안 탐구하여 찾는 것은 기와 사물의 두 가지에서 떠나지 않을 뿐이다.

만약 괴상하고 거짓된 학설과 허망한 이론을 가지고 비록 털끝만한 것이라도 그 사이에 섞이게 하면, 사물을 아는 커다란 방법이 무너져 버리게 된다.　　　　　　　　　　　　　[《신기통》 권1, 〈통유원위(通有源委)〉]

✤ 인간이 사물을 알게 되는 요소를 설명하고 있다. 곧 앎이 성립하는 요소는 세 가지인데, 그것은 사물을 인식하는 마음(신기)과 사물

의 모습을 마음에 연결시키는 눈과 귀와 같은 몸의 감각 기관, 그리고 외부의 사물이다. 이 관계를 알아야 아는 방법을 제대로 이해할 수 있다는 것이 최한기의 주장이다.

안다는 것은 일차적으로 나의 마음이 감각 기관을 통해 대상의 특징인 겉모습을 파악하는 것이다. 가령 여기에 붉은 사과가 있다고 하자. 붉은 사과를 보고 냄새 맡고 깨물어 맛을 보는 감각 기관인 눈·코·입(혀)이 있기 때문에 우리는 마음으로 '사과는 붉은 색이고 새콤달콤한 냄새와 맛이 난다.'라고 알게 된다. 여기서 마음은 인식의 주체고 사과는 인식 대상, 눈·코·입은 감각 기관이 된다. 이것이 인식이 성립하는 세 가지 요소인 것이다.

최한기는 이와 같이 사물에 대한 앎이 점차 쌓이면 가까이 있는 사물에서 멀리 있는 사물에까지 앎을 넓혀 나갈 수 있다고 하면서 그렇게 평생 동안 아는 일도 결국 마음(신기)과 바깥 사물 간의 관계에서 일어나는 일이라고 보았다.

지식과 사고 기능은 스스로 얻는 것

인간이 타고나는 것은 한 덩어리의 신기와 기가 통하는 감각 기관이니, 알기 위해 사용하는 도구는 이것뿐이요, 다른 것은 없다.

어린아이 때부터 장성해 어른이 될 때까지 얻은 지식과 사용하는 추측은 모두 내가 얻은 것이지 태어날 때 하늘이 나에게 준 것이 아니다.

잘하느냐 잘하지 못하느냐는 그 사람이 선택하여 취하는 데 달려 있고, 이루느냐 못 이루느냐 하는 것은 그 사람의 힘쓰기에 달려 있다.

그러한 까닭을 찾아보면 보통 사람 이상의 경우는 장차 가르쳐 인도하면 통달해 점차 앞으로 나아갈 수 있으나, 어리석고 못난 사람은 처음부터 가르쳐도 알지 못하고 마침내 비루한 기질에 단단히 구애되는 데 이르게 된다.　　　[《신기통》 권1, 〈지각추측개자득(知覺推測皆自得)〉]

✤ 앞에서도 말했지만 인간에게는 날 때부터 타고나는 앎은 없다는 것이 최한기의 입장이다. 단지 타고나는 것은 마음, 즉 신기와 감각 기관뿐이다. 그래서 지식과 추측은 인간이 스스로 얻는 것으로 보았다. 여기서 지식의 경우는 경험을 통해 얻을 수 있다고 금방 이해할 수 있다. 그런데 추측이라는 사고 기능도 얻는 것일까?

사실 생각하는 기능인 추측은 지식처럼 얻는 것이 아니라, 자신이 갖고 있는 가능성을 발전시키는 것이다. 가령 악기를 연주하는 능력을 살펴보자. 악기를 연주하는 능력은 피나는 노력을 통해 향상되는 것이다. 영어 단어 하나를 외듯 금방 이루어지는 일이 아니다. 마찬가지로 사고 기능도 금방 얻어지는 것이 아닌 이유는 그것이 지식이 아니라 능력이기 때문이다. 사고 능력의 계발을 위해서는 노력해야 한다는 뜻이다.

따라서 추측도 능력을 향상시킨 것이지만, 어떤 의미에서 능력을 얻었다고 말할 수 있다. 그래서 최한기는 추측을 얻은 것이라고 말한 것이다. 그러니 이런 지적 능력은 가능성만 있다고 해서 날 때부터 타고난 것이라 말할 수 없고, 그 가능성마저도 사람에 따라 차이가 있다 하겠다.

서로 마음을 통해 지식을 공유하다

나에게는 눈과 귀와 같은 감각 기관과 몸통과 사지와 신기라는 도구가 있고, 남에게도 마찬가지로 나와 같은 도구가 있다. 비록 그 도구가 강하고 약하고 맑고 탁한 차이는 있더라도, 그 소유하고 있는 감각 기관은 남이 나보다 많거나 내가 남보다 많은 적이 없다. 그러나 오직 보고 듣고 경험한 것과 익히고 얻은 것은 천만 가지로 다르다.

남이 아는 것을 혹 내가 모를 수 있고, 내가 아는 것을 혹 남이 모를 수 있다. 그렇다면 나는 남이 아는 것을 받아들여 내가 모르는 것을 알아야 하고, 남은 내가 아는 것을 물어 자기가 모르는 것을 알아야 한다. 그러니 어찌 지식의 많고 적음을 가지고 그 사람이 아는지 모르는지를 판단할 수 있겠는가?

남이 아는 것과 모르는 것을 통합하여 그 사정을 알 수 있고, 또 내 몸의 도구를 통합하여 그 쓰임을 알 수 있다면, 아는 것에 치우침과 막힘이 없으니 바로 잘 안다고 말할 수 있다.

[《신기통》 권1, 〈통인아지통(通人我之通)〉]

✤ 남이나 나도 똑같이 감각 기관과 마음을 가지고 있고 그 기능은 대동소이하다. 그러나 경험한 것에는 차이가 없을 수 없다. 따라서 이 글의 요점은 아는 것을 서로 소통해야 지식을 넓힐 수 있다는 내용이다. 그러므로 남이 아는 것과 내가 아는 것을 소통한다는 것은 서로의 경험을 공유하는 일이다. 경험을 공유한다는 것은 나의 입장에서 볼 때 간접 경험이며, 서로의 신기(마음)가 통하는 일이다. 그래서 신기통이다.

최한기는 "잘 안다."라는 것을 많은 사람들이 서로 알고 있는 지식이나 정보를 통합하여 얻게 되는 앎, 다시 말해 보편적인 앎이라고 보았으며 이를 통해 사회적인 정보 통합의 중요성을 말하고자 했던 것이다.

앎의 한계를 아는 것

안다고 막연히 말하는 것은 기를 대강 안 것을 가리킨 것이고, 어떤 대상을 알아 가는 것은 힘을 들여 탐구해서 그것에 기필코 도달하는 것을 가리킨다.

알 수 있는 것을 알아서 알아낸 것은 안다고 말하고, 알 수 없다는 사실을 알아서 알지 못한다고 말하는 것도 안다고 할 수 있다. 그런데 알 수 있는 것을 몰라서 알지 못하는 것은 알지 못하는 것이 아니나, 알 수 없다는 사실조차 모르고 안다고 하는 것은 모르는 것이다.

알아 가되 알려는 사람과 대상 사이에 서로 부합되는 것과 서로 응하는 일치점이 있다면 참으로 안 것이다. 그러나 알아 가되 불안하게 미심쩍은 것이 있는 것은 잘못 안 것이다.

[《신기통》 권1, 〈통유부동(通有不同)〉]

✢ 앎의 가능성과 한계에 대해 말했다. 진정한 앎이란 공자가 말했듯이 알 수 있는 것을 안다고 말하고, 모르는 것을 모른다라고 말하는 것이다. 소크라테스식으로 말한다면 '자신의 무지를 아는 것'이 앎에 대한 기본적인 자세다.

최한기 역시 이 점을 놓치지 않고 지적하고 있으며, 진정한 앎이란 의도적으로 어떤 대상에 대해 기필코 탐구해서 알아내는 일이라고 보고, 그 과정에서 알 수 있는 것과 없는 것에 대해 명확하게 구분 짓는 일이 매우 중요하다고 말하고 있다.

경험의 축적과 앎의 진보

옛사람들이 고생하고 힘들여 안 것을 지금 내가 눈과 귀로 힘들이지 않고 곧장 아는 것은, 옛사람들의 힘과 노력을 빌어서 내가 나중에 알게 된 것인데, 이는 참으로 옛사람들이 인도해 준 공이다. 내가 만약 눈과 귀로 그것을 보고 듣지 못했다면 알 방법이 없었을 것이고 옛사람들이 후세 사람들에게 공을 남겼음도 알지 못하게 되었을 것이다.

지금 세상은 쓸모없고 기이하고 교묘한 것을 버리고 유용하고 참된 방법을 찾아 나아가고 있다. 알 수 있는 것인데도 불구하고 고금의 사람들 가운데 이를 연구해서 아는 자가 어찌 한 사람이라도 없을까? 이미 옛사람들이 알아낸 것이 있으나 후세에 전해지지 않아 없어진 것이 몇 개라도 없겠는가? 또 있으나 내가 보고 듣지 못한 것이 얼마나 많겠는가?

대개 옛사람들이 실마리를 드러냈으나 다 알아내지 못한 것에 대해서는, 후세 사람들이 쌓인 경험을 가지고 그 밝히지 못한 것을 뒤쫓아 밝혀 점차 알아내서 밝은 도리를 이룬다. 그래서 고금의 사람들이 서로 돕고 협력하여 알고, 힘을 합쳐 앎에 도달하는 것이 떳떳하고 큰 도리다.

옛사람들의 앎이 어찌 후세 사람들에게 미치지 못하며, 후세 사람들의 앎이 옛사람들의 앎에 첨가되는 것이 없다고 하겠는가? 다만 후세 사람들이 경험이 이루어진 지 오래된 여러 논의를 모아 참작하고 절충하여 옛사람들이 밝힌 것을 발판 삼아 더욱 밝힌다면, 옛사람들이 얻지 못한 앎이지만 후세 사람들에게는 본디 있는 앎이 된다. 만약 옛사람들이 지금 세상에 산다고 해도 마땅히 후세의 경험을 가지고 앎을 고쳐 나갈 것인데, 그것은 시대가 그렇게 만드는 것이다.

고금을 참작하는 것이 비록 완전한 학문을 위한 것일지라도, 옛것만 알고 지금의 것을 모르는 것보다는 차라리 지금의 것을 알고 옛것을 모르는 것이 낫다. 그러나 고금의 불변하는 진리는 옛날이나 지금이나 차이가 없으니, 굳이 옛것에서 빌려서 지금에 사용할 필요는 없다.

여러 세대를 거쳐 경험하여 뚜렷이 밝혀진 것에는 지구와 역법보다 더 큰 앎은 없다. 천지의 이치가 점차 밝혀지면, 인간의 일 또한 그것을 따라 밝힐 수 있는 방법이 있으니, 곧 자연과 인간에 존재하는 신기(神氣)다.

만약 역법과 지구의 이치가 비록 점차 밝혀지더라도 인간의 도리가 더 밝아지는 데 아무 관계가 없다고 한다면, 자연은 자연대로 인간은 인간대로 되어 서로 관계가 없게 되니, 어찌 이런 법이 있을 수 있겠는가?

하늘과 땅과 인간과 만물은 모두 하나의 신기가 만들어 낸 것이다. 하늘과 땅의 이치가 점차 밝혀지고 기에 대한 학설이 점차 알려지면서부터, 하늘과 땅과 인간과 만물에 대해 더욱 증험하고 시험하는 방법이 있게 되었다.

인간은 감각 기관과 팔다리와 몸통을 갖추어 천지자연과 만물의 기를 통하는데, 이 방법이야말로 근원과 말단을 갖추어 서로 섞어 증험하여 통하지 않음이 없는 유일한 방법이다.

이에 따라 고금의 허망한 술법과 근본이 없는 학문과 잘못 알고 있는 학설과 사이비 논리는 드러나지 않을 수 없다. 이론의 우열과 깊고 얕음은 신기 가운데서 도망가기 어렵고, 교묘하거나 기이한 말은 신기의 세계에서 수용되기 어렵다. 만약 신기가 통하는 것에서 말미암지 않으면 이러한 설명은 상고할 가치가 없는 말이요, 남을 속이는 행위다.

[《신기통》 권1, 〈고금인경험부등(古今人經驗不等)〉]

✢ 앎이란 개인적인 차원에만 해당되는 문제가 아니라 인류 차원의 문제이기도 하다. 이전 사람들이 밝힌 것을 후세 사람들이 이어받기도 하고, 이전 사람들이 밝히지 못한 것을 후세 사람들이 밝히기도 한다. 물론 이런 것은 직접 또는 간접 경험을 통해 가능하다.

따라서 이런 관점에서 보면 후세 사람의 앎에 대한 수준이 자연히 높아질 수밖에 없다. 그것은 후세 사람이 더 똑똑해서가 아니라, 옛사람보다 후세 사람들에게는 역사적으로 쌓아 온 경험이 많기 때문이다.

그렇다면 지식을 쌓아 후세에 전해 주는 것이 얼마나 중요한지 살펴보자. 근대 이전에는 대체로 동양의 문화나 과학 기술이 서양보다 더 발달했다는 것이 통상적인 견해다. 세계 3대 발명품인 화약·나침반·종이만 보더라도 그렇다.

그런데 근대로 오면서 서양은 지식이나 경험을 체계화하는 방법인 학문을 발전시켰는데, 그 대표적인 예가 과학(science)이다. 그 과학을 바탕으로 서양은 동양의 문명을 앞지르게 되었다.

대신 동양은 과학보다 무엇이 옳은가에 대한 윤리 문제에 관심을 두었다. 그 결과 이전의 지식과 정보 그리고 기술을 후대에 널리 전승시키지 못했다. 세계 최초의 금속 활자나 철갑선인 거북선이 조선 후기까지 개량되어 발전하지 못한 것이 그 단적인 증거가 아닐까? 세계 최초로 화약을 발명한 중국인들이 어째서 아편전쟁 때 영국의 대포에 속절없이 당했을까?

최한기는 인식의 진보와 경험의 축적이 소중하다는 점을 서양 과학을 보고 확실히 깨달았으며 그 사례로 서양의 역법이나 지구에 관한 지식을 들고 있다.

또한 최한기는 자연의 문제가 더 밝혀지면 인간의 문제도 더 밝혀질 수 있다고 보았다. 그러므로 그는 자연의 문제도 자연만의 문제가 아니라 인간의 문제와 연관되어 있다고 보았다. 결국 모든 존재의 바탕이 되는 기(자연)에 대해 해명하는 학문이 중요하며 그것이 실제적인 학문이라고 보았던 것이다.

2. 감각적 경험

형질지통과 추측지통

색깔은 눈을 통하여 알고, 소리는 귀를 통하여 알며, 냄새와 맛은 코와 입을 통하여 안다. 이것은 신기가 이목구비에서 기다려 안 것이다.

눈은 여러 색깔을 알리고, 귀는 여러 소리를 알리며, 입과 코는 여러 맛과 냄새를 알리는데, 이것은 소리와 색깔과 냄새와 맛이 외부에서 들어와 신기에 알린 것이다.

이들은 모두 형질지통(形質之通, 감각 기관을 통해 알게 되는 것, 즉 직접적 경험)이나 다만 밖에서 기다려 아는 것과, 밖에서 와서 알게 되는 것의 구별은 있지만, 사람마다 모두 동일하다.

그런데 이전의 형질지통을 따라 마음으로 구별하고 늘어놓고 헤아리고 판단하는 것이 있다. 이전에 보고 듣고 경험한 것을 추리하는 것만 아니라, 지금 눈앞에 모르는 물건의 경우라도, 이것과 저것을 이리저리 비교해서 그 우열과 득실을 헤아리고 판단하여, 그것에 통달하는 것이 있게 된다. 이것이 곧 추측지통(推測之通)이니 사람마다 저절로 다름이 있다.

만약 여러 사람들로 하여금 우레와 총포 소리를 듣게 한다면, 귀에 들리는 소리는 모두 같겠지만, 그것이 무슨 소리인지 분별하고 헤아리는 것은 사람마다 다르다. 어떤 소리를 듣는 것에는 이렇게 같음과 다름이 있다. 그러므로 여러 색깔과 냄새와 맛을 아는 것도 모두 이같이 같음과 다름이 있다.

따라서 형질지통을 따라 추측지통에 통달하는데, 여기서 나를 위주로 하는 주관적인 것은 가볍게 하고 사물을 위주로 하는 객관적인 것에는 깊이 있게 하면, 자연과 인간을 거의 알게 되어 오류가 줄어들게

될 것이다.　　　　　　　[《신기통》 권1, 〈형질통추측통(形質通推測異通)〉]

　✢ 앎에 대한 두 가지 종류를 소개했다. 하나는 눈과 귀 등의 감각 기관을 통해서 직접 경험해서 아는 것과 다른 하나는 생각하고 추리하는 사고 기능을 통해서 아는 것이다.

　감각 기관을 통해서 아는 것은 직접 경험인데 그것을 형질지통이라 불렀다. 여기에는 적극적으로 아는 것과 소극적으로 아는 것이 있어 차이가 나더라도, 사람마다 거의 유사한 것으로 보았다. 이것을 현대적 의미로 감각적 경험이라 부르며, 감각적 경험은 감각 기관의 장애가 없다면 사람마다 거의 동일하다고 볼 수 있다.

　그런데 이러한 감각적 경험이 쌓이면 생각이나 추리를 통해 아는 능력(추측지통)이 발달한다는 것이다. 이는 어린이들의 사고 발달 단계를 연구한 피아제나 도덕성 발달을 연구한 콜버그와 같은 학자들의 이론에서도 입증된다. 피아제는 어린이들은 처음에는 사고 기능이 매우 빈약하지만 나이가 들면서 구체적인 경험 활동을 통해 점차 사고가 발달한다고 보았다.

　최한기가 여기서 말하는 핵심 또한 감각 기관을 통한 구체적인 경험인 형질지통을 거쳐서 논리적 추론으로 알아 가는 추측지통이 생긴다는 것이다.

눈으로 보는 것

방 가운데에서 사방에 커튼을 치고 바깥의 빛이 조금도 통하지 않게 만들되, 다만 한 군데만 작은 구멍을 뚫는다. 그러고 나서 거기에 유리로 된 렌즈를 붙이면, 밖에서 나타나는 식물이나 동물 등이 모두 방 가운데의 벽에 비춰 보인다. 그런데 그 렌즈를 통과하는 빛과 그림자에 실내의 기가 반응하여 벽(스크린)의 영상이 뒤집혀서 움직인다. 이로써 추리해 보면 눈 안에 나타나는 물체의 영상은 몸의 신기가 반응하여 신기가 일일이 움직이게 할 수 있음을 알 수 있다.

간혹 중요하지 않은 평상시의 사물이 보일 경우에는 신기(의식 또는 마음)가 거의 반응하지 않거나, 혹은 멍하고 어두워 반응하지 않는데, 그것은 이미 그 대상을 경험해서 알고 있기 때문이다.

그러나 그 보이는 대상에 대하여 선악과 이해관계가 걸려 있음을 안다면, 비록 짧은 순간이라도 그 기미를 보게 된다. 이때 자기에게 좋고 이롭다는 것을 알면 신기가 기쁘게 움직이고, 자기에게 나쁘고 해롭다는 것을 알면 신기가 놀라 움직이며, 자기에게 좋지도 나쁘지도 이롭지도 해롭지도 않다는 것을 알면 신기는 산만하게 반응하여 움직이지 않는다.

이것은 바로 눈동자가 물체의 색과 그림자가 출입하는 구멍이 되어, 바깥에 널리 퍼져 있는 물체의 모양과 색깔을 눈동자에 거두어 안으로 받아들여 한 몸의 신기에 두루 물들이기 때문이다. 또 감각 기관이 얻은 경험을 받아들여 눈동자를 따라 바깥으로 통하여 만사 만물에게 부합되는지 증험할 수 있다.

[《신기통》권2, 〈모위내외인후(眸爲內外眼候)〉]

✦ 최한기는 눈이라는 감각 기관이 사물을 보는 방법에 대해 매우 과학적으로 설명하고 있다. 눈동자를 일종의 렌즈처럼 이해하면서, 바늘구멍 사진기의 원리를 가지고 설명하고 있다. 외부의 사물이 렌즈를 통과하면서 거꾸로 상이 맺히는 과정을 예로 들어, 눈으로 들어온 영상에 마음이 움직이면서 그것이 기억되고 있음을 말하고 있다. 또한 마음속에 기억된 경험이 눈을 통해 바깥으로 나가 모든 사물을 검증하는 과정도 설명하고 있다.

그런데 이러한 표현을 보면, 최한기는 동공으로 빛이 들어와 망막에 상이 맺히고, 그것이 시신경에 의해 뇌로 전달되는 의학적 지식에 대해서는 아직 모르고 있는 것 같다. 단지 신기가 눈을 통해 들어온 상(像)을 따라 움직인다고만 추리하고 있다.

최한기는 또한 사물에 따른 신기(마음 또는 의식)의 반응을 이야기하고 있는데 이는 인간이 사물을 볼 때 의식을 집중하는 문제로, 이해 관계가 있으면 의식을 집중하고 그렇지 않으면 집중하지 않는다고 설명하고 있다.

물체의 진동과 소리

물체에서 발생한 소리를 가까이서 들으면 소리가 크고 멀리서 들으면 작고, 더욱 멀리서 들으면 미미해서 도달하지 않는다. 이것은 가로막고 있는 기(여기서는 공기를 말함)가 거리에 따라 두텁거나 얇기 때문이다. 기가 두터우면 소리의 진동이 투과하기 어렵고, 얇으면 투과하기 쉽다.

그러나 비록 거리가 가까워도 벽이나 휘장이 가로막고 있으면, 소리가 늦게 이어지며 굽이돈다. 귀를 대고 있는 물체가 느슨하면 전달되는 소리가 미미하고, 팽팽하면 귀가 울리는데, 이것도 기가 가로막고 있는 것과 관계된다. 소리가 진동하여 기를 통과할 수 있으면 소리를 듣고 그렇지 못하면 듣지 못한다.

일반적으로 기와 물체는 서로 부딪치거나 기를 내뿜어서 소리가 나는데, 진동이 생기면 점차 충격이 사방으로 퍼지면서 여러 겹의 소리 무리를 이룬다. 소리가 크면 무리도 크고 소리가 작으면 무리도 작다. 그리고 가까운 소리는 급하고 빠르나 무겁고 탁하며, 멀리서 듣는 소리는 더디고 느리며 가볍고 맑다. 이것은 진동한 기가 가까이 있으면 힘이 있고 파동이 용솟음치나, 멀리 있으면 힘이 없고 파동이 고요하기 때문이다. 또 소리를 내는 물체가 중심이고 진동하는 기가 주위에 있다면, 사방에서 소리를 들을 수 있다.

그러나 만약에 바람이 고요할 때는 소리를 내는 물체 주위의 소리 무리가 사방의 소리 무리와 거리가 일정하지만, 만약 서풍이 분다면 서쪽이 소리를 내는 물체와 거리가 가깝고 동쪽과는 거리가 멀어서, 한쪽으로 치우친 타원의 소리 무리를 이룬다.

이처럼 동풍·남풍·북풍이 불 때도 제각기 타원을 이루는데, 바람의 강약에 따라 긴 타원과 짧은 타원의 무리가 생겨 이들이 생기고 없어지는 데 일정한 기준이 있다.

음파가 전달되는 소리 무리(연못에 돌을 던졌을 때 물의 파문과 같은 띠)의 윤곽은 이렇게 영향을 받는 소리 무리를 따라 변형된다. 만약 음파의 전달에 영향을 주는 바람이 급하고 빠르면 무리가 찢어지고 소리가 나부끼며 원형을 이루지 못하고, 소리가 끝나면 소리 무리는 소멸되나 바람은 그대로다. 색깔이 전파되는 무리, 냄새가 확산되는 무리는 모두 이 소리의 경우에 비추어 추리하고 증험해야 한다.

[《신기통》 권2, 〈성휘원근(聲暈遠近)〉]

✤ 여기서 최한기는 먼저 소리는 물체가 진동하면서 공기를 진동시키거나, 공기 자체가 물체에 부딪혀 진동하여 발생한다고 보았다. 소리가 전달될 때는 공기라는 매질을 통해 전달되는데, 거리에 따라 들리는 소리가 다르며 전달되는 공기 속에 다른 매질이 섞였을 때는 소리가 잘 안 들리거나 다르게 들린다는 것을 말하고 있다.

그는 소리의 전파 과정을 마치 물의 파동처럼 설명하고 있으면서 바람의 영향을 받는 것까지 말하고 있다. 곧 바람이 없을 때는 소리의 파동이 원형이지만 바람이 부는 방향에 따라 소리의 파동이 타원형이 된다는 것까지 밝히고 있다.

최한기는 여기서 냄새, 색깔(빛)까지도 유사하게 추리해 가고 있다. 냄새의 경우는 전적으로 바람의 영향을 받는다. 왜냐하면 냄새는 냄새나는 물질의 분자가 공기와 섞여 흩어지고 바람이 불면 공기가 바람 따라 흘러가듯이 냄새 또한 그러하기 때문이다.

반면 소리와 색깔(빛)은 냄새와 달리 물리적으로 볼 때 운동 방식이나 속도에 차이가 있어서, 최한기가 이것들을 똑같은 방식으로 추리해 가는 것은 무리가 있어 보인다.

냄새

여러 냄새의 이름은 옛사람들이 상세하게 조목별로 구별한 것이 없으므로, 지적하기가 매우 어렵고 형용하는 것도 한결같지 않다. 설령 나에게 구별하라고 해도 여러 사람들에게 그 이름을 분간해 말하기가 어렵다.

당연히 그 물건의 이름을 따라 그 냄새의 이름을 붙인다. 가령 생흙냄새, 썩은 흙냄새, 바닷물 냄새, 시냇물 냄새, 자른 나무 냄새, 벤 풀 냄새, 땀과 때 냄새, 썩어 문드러지는 냄새를 비롯하여, 고기와 생선과 식초와 간장 및 여러 약재 등에 이르기까지 모두 냄새를 가지고 있다. 또 그 가운데에는 제각기 날 것과 익은 것, 묵은 것과 썩은 것의 차이가 있다.

냄새는 반드시 차갑거나 덥거나 건조하거나 습한 자연 공기에 따라 그 기(氣)가 변하는데, 냄새가 발산하는 것 또한 이 같은 조건에 따라 달라진다.

냄새를 능히 분별하는 것은 코로 감각하는 신기다. 신기의 맑고 탁함으로 설령 분별하는 데에 날카로움과 둔함이 있다고 해도, 살고 있는 지역이나 평생 가까이서 어떤 냄새를 접했느냐에 따라 차이가 있다. 바닷가에서 자란 사람은 바다의 짠 냄새에 젖어 조금 짠 바람에서는 그 짠 것을 모르고, 산골에서 자란 사람은 맑은 산바람의 기운 속에 젖어 조금이라도 탁한 바람에도 쉽게 그 탁한 것을 느낀다.

또 어물전이나 난초가 있는 방에 오래 있으면 그 냄새를 맡지 못한다. 이것은 이미 코가 그 냄새에 물들어 제대로 된 냄새를 맡지 못하게 되는 것인데 이는 코의 신기가 지닌 본래의 성질 때문이다.

사람의 공부는 오직 자신에게 여러 냄새가 찌든 것을 없애는 데 목적이 있다. 맑은 공기 냄새를 맡는 일에 익숙하면 여러 냄새가 바람을 타고 오고 가도 쉽게 분별할 수 있다. 또 몸에 있는 신기도 타고난 자연스런 냄새를 바꾸지 않는다.

[《신기통》 권2, 〈제취분별유본(諸臭分別有本)〉]

✤ 냄새는 워낙 다양하기 때문에 어떤 범주로 정해지지 않고 물건에 따라 그 냄새가 나는데, 이는 공기로 전파된다고 말하고 있다. 공기는 차고 덥고 건조하고 습한 상황에 따라 냄새의 전파 방식을 달리하므로 냄새가 기상 조건과 관계가 있다는 것도 설명하고 있다.

사실 냄새를 판단하는 것은 코가 아니다. 코에 냄새를 전달하는 신경에 의해서 뇌가 판단하는데 최한기는 이런 과정은 몰랐던 것 같다.

다만 코와 관계된 신기, 곧 인식의 주체인 마음이 냄새를 느낀다고 말하고 있다. 또 냄새를 지각하는 것은 습관이나 경험에 따라 개인차가 있으며 후각 신경은 쉽게 피로를 느끼기 때문에 같은 냄새를 오래 맡고 있으면, 그 냄새를 못 맡게 된다는 점도 날카롭게 지적하고 있다.

끝으로 냄새에 대한 최한기의 견해는 "사람의 공부는 오직 자신에게 여러 냄새가 찌든 것을 없애는 데 있다."라는 말로써 인간의 삶의 태도로 연관시키고 있다. 그는 여기서 편견에 치우친 것을 찌든 냄새에 비유하여, 사물에 대한 공정하고 객관적인 입장을 가질 것을 주문하고 있는 것이다.

혀와 입

혀는 입안에 있으면서 모양이 뾰족하고 얇고 부드럽고 연해서, 바깥에 있는 무디고 둔한 피부와 다르다. 맛을 아는 촉감은 매우 빨라서 시고 쓰고 맵고 짜고 달고 담담한 맛을 접하자마자 곧바로 알게 된다. 또 입안에 들어가고 나가는 기를 통제할 수 있으므로 언어가 혀를 통하여 조절된다. 음식도 혀를 통하여 삼킨다.

평범하고 깨끗한 맛은 음식의 기본으로서 오랫동안 싫증내지 않고 조화롭고 순한 것을 취할 수 있다. 물은 평범하고 깨끗한 샘에서 얻고, 불은 그 기가 건조하지도 습하지도 않은 것을 취하며, 곡식은 그 맛이 뛰어나고 순한 것에서 얻고, 배고프지도 배부르지도 않은 때를 헤아려 취한다. 또 생선과 고기와 채소와 과일과 오이 등도 모두 평범하고 깨끗한 것을 취한다. 그리하여 화평한 기를 배양하면 기를 통하여 하는 말이나 동작이 거의 화평함을 얻을 수 있다.

그러나 음식의 재료는 그것이 있었던 땅의 기를 받아 생장했으니, 인간이 음식을 씹고 마시는 것은 모두 그 땅의 기를 마시게 되는 것이다. 바닷가나 산골이나 척박하거나 기름진 땅은 제각기 음식의 성질과 맛을 달리한다. 그래서 바닷가에 사는 사람은 깊은 산골짜기에서 나는 산물을 특히 좋아하고, 비옥한 땅에 사는 사람들은 척박한 땅에서 나는 산물을 귀하게 여기지 않는다.

여기서 사람의 식성은 부드럽고 연하고 순수하고 깨끗한 것을 좋아함을 알 수 있다. 기름진 음식에 싫증 난 사람은 채소를 즐겨 먹으며, 맵고 뜨거운 맛에 취한 사람은 차거나 시원한 것을 서둘러 마신다. 이는 편식으로 병폐를 얻었으나 그 해법을 구하는 것임을 알 수 있다.

[《신기통》권2, 〈설희순담지미(舌喜純澹之味)〉]

✤ 최한기는 혀가 하는 일과 맛에 대해 논하면서, 음식 맛에 대한 전통적인 유학자의 입장에서 평범하고 깨끗한 맛을 최고로 여겼다. 특히 같은 음식 재료라고 해서 다 같은 것은 아니라고 하면서, 그것이 생장한 지역의 기(氣)를 가지고 있다고 보았다.

촉감

옆에 있는 침이나 송곳에 찔릴까 두려워하는 사람은 이전에 보고 듣거나 찔린 경험이 있기 때문이다. 만약 이전에 그런 경험이 없다면 비록 옆에 있는 침이나 송곳을 보더라도, 처음 당하는 일이라 무슨 물건인지 무슨 용도인지 모르며, 또 피부에 찔리면 상처가 생기는 것인지도 모를 것이다.

만약 한 번이라도 보고 듣거나 찔린 경험이 있다면, 침이나 송곳에 찔릴까 봐 두려워할 뿐만 아니라 여러 가시나 바늘 종류에도 두려워하면서 피할 것이다.

피부가 삽시간에 상처를 입을 때 대단한 상처가 아니어도, 반드시 깜짝 놀라서 기가 움직이는 것은 짧은 순간에 신기가 발동하여 놀라 움직이는 것이다. 침을 무서워하는 사람은 오직 침 맞기 전에 두려워하고 맞은 후에 두려워하지 않고, 침 맞는 것을 편안히 여기는 사람이

침을 맞는 전후에 태연한 것은 모두 신기가 그렇게 만드는 것이다.

그러나 신기(마음)는 우리가 보거나 듣거나 체험하고 있는 것을 기다리고 있기 때문에 아직 만져 보지 못한 것이라도 그것이 과거의 유사한 경험을 통해 어떤 촉감인 줄 짐작할 수 있으며, 이미 경험한 촉감일 경우는 상세하게 알아서 가깝게 통한다.

[《신기통》 권3, 〈촉대견문(觸待見聞)〉]

♣ 촉감은 이전 경험을 매우 중요하게 생각하고 있다. 물론 촉감이 어떻게 해서 생기며 그것이 어떻게 전달되는가에 대한 과학적 사례는 보이지 않고 있다. 그러나 이러한 촉감 역시 인식의 주체인 신기가 간여하고 있음을 보여 주고 있다. 사실 짧은 순간에 반응하는 것은 무의식적인 반사 작용인데, 그마저도 최한기는 신기가 하는 일로 보고 있다.

그가 사용하는 신기의 개념은 상당히 폭이 넓다. 오늘날의 의미로는 자연과 인간 속에 공통적으로 존재하는 물질이고, 동시에 마음이면서 인간의 인식 주체다. 뿐만 아니라 반사 운동을 주관하는 무의식까지 포함한다.

이렇게 최한기는 여러 감각 기관을 나누어서 인식 작용과 관련지어 설명했다. 그 세부 내용을 살펴보면 오늘날 과학적 입장과 일치하는 것도 있고, 그렇지 않은 점도 있다.

최한기의 위대성은 과학자가 아닌 철학자로서 당시 조선 사회에서 접하기 어려운 새로운 지식을 접해 그것을 단순히 받아들이는 입장이 아니라 비판하면서 취사선택 한 점에 있다. 그러므로 그가 오늘날의 과학적 내용과 다소 다르게 설명했다 하더라도 그의 철학적 방향에 심각한 영향을 끼치지 않는다.

3. 사유와 추론

추측

하늘의 도리를 이어받아 인간의 몸속에서 이루어진 것이 인간의 본성이고, 그 본성을 따라 익히는 것이 추(推, 추리)고, 추리한 것을 따라 헤아리는 것이 측(測, 판단)이다. 추측은 예부터 많은 사람들이 앎을 위해 공유한 커다란 방법이다.

그러나 추리가 마땅하면 판단 또한 방법이 있고, 추리가 마땅하지 않으면 판단 또한 그것을 잃는다. 마땅하지 않은 곳에서는 추리를 바꾸고 판단을 고치며, 마땅한 곳에서는 그 근원과 말단을 밝혀서 치우침이 없는 올바른 표준을 세운다. 추리와 판단이 이 표준을 지나치면 허망한 것이 되며 이 표준에 미치지 못하면 비루하고 꽉 막힌 것이 된다.

먼 옛날 복희씨(伏犧氏)가 하늘을 우러러 관찰하고 땅을 굽어살펴, 가까이는 자기 몸에서 취하고 멀리에서는 물건에서 취하여 세상의 이치에 통달한 것이 추측의 원조다. 《대학》에서 '사물을 탐구하는 것'과 '나의 처지를 미루어 남을 헤아리는 것'도 추측으로서 만세(아주 오랜 세대)를 위해 베푼 가르침이다.

대개 자연의 기가 흘러 운동하는 이치는 사물마다 제각기 마땅한 것이 있어 원래 보태거나 뺄 것이 없다. 이 이치를 궁리하고 탐구하여 밝힐 수 있는 것이 사람 마음의 추측이다.

그런데 이 추측에는 잘한 것과 잘못한 것, 성실한 것과 불성실한 것이 있다. 그러나 이 또한 이치라고 말하지 않을 수 없다.

기가 흘러 운동하는 것과 추측한 결과가 딱 들어맞는 경우를 들자면 이치는 하나지만, 기가 흘러 운동하는 것과 추측의 결과가 들어맞지 않으면 이 이치와 저 이치가 완전히 다른 발자취를 갖는다.

[〈추측록서(推測錄序)〉]

✤ 경험 외에도 앎의 방법이 있는데 그것을 추측(推測)이라 불렀다. 최한기는 이 추측을 주제로 책도 썼는데 그것이 《추측록(推測錄)》이다. 이 글은 이 책의 서문 가운데 한 부분이다.

추측은 오늘날 우리가 무엇을 대충 '짐작하다'라고 할 때 쓰는 추측의 의미가 아니다. 이것은 추리의 뜻을 지닌 추(推)와 판단의 뜻을 지닌 측(測)이라는 두 개의 과정을 지닌 사유 작용으로서, 사고를 통해 어떤 대상을 추리하여 판단하는 앎의 한 과정으로 최한기가 철학적으로 새롭게 사용한 개념이다.

그런데 최한기는 추측을 이론적인 개념으로 세웠으면서 그 근거를 증명하기 위해 옛사람들도 사용해 왔음을 중국 전설상의 제왕인 복희씨와 유교 경전인 《대학》을 예로 들어 밝히고 있다.

앎의 한계와 추측지통

아는 데에는 방법이 있다. 알 수 있는 경우는 알 수 있는 것을 알되 알 수 있는 한계에서 그친다. 알 수 없는 경우는 알 수 있는 경계를 경험하여 알 수 없는 한계에서 그친다.

참되고 바른 앎의 정화(精華)는 허황되고 거짓된 곳과 경계를 접하니, 앎이 참되고 바른 앎의 정화에 이르면, 그것이 바로 앎이 그칠 만한 한계가 된다. 만약 이러한 앎을 지나치면 허황되고 거짓된 곳으로 들어간다.

또 가까이는 몸 안의 형이상학적인 존재의 원리와 밖으로는 천하 사람들의 눈과 귀가 미칠 수 없는 것, 이것들이 알 수 없는 것들이다. 설령 누군가 스스로 알았다고 말해도 누가 그것을 믿겠는가?

만약 어떤 것을 순전히 알 수 없는 것으로 돌려서, 알 수 있는 것까지 함께 버린다면 또한 옳지 않다. 그러므로 알 수 있는 것과 알 수 없는 것의 한계를 밝히려고 예부터 지혜로운 선비들이 정력을 기울여 힘써 온 것이다.

대개 인사(人事)와 물리(物理)에 대해서 알았다고 하지만 그 작용만 알고 그 몸체를 모른다. 또 대략 알아도 자세하게 알지는 못하며 드러난 것은 알지만 숨어 있는 것은 모른다. 또 사물에 대해서 자주 경험하고 접하여 눈과 귀에 익숙하니 비록 아는 것 같지만, 그 실상을 따져 보면 알지 못하는 것도 많다. 이것은 모두 사람이 노력한 추측지통을 가지고 말한 것이다. 추측에는 일정한 규칙이 없기 때문에 참된 앎은 얼마 되지 않는다.

자연이 만물을 낳을 때 제각기 모양과 성질을 갖추었는데, 색깔은 눈에 통하고 소리는 귀에 통하며 맛과 냄새는 입과 코로 통하니, 이것이 형질지통이다. 그 형질지통을 따라 추측지통이 생긴다.

만약 형질지통과 추측지통의 구분이 없다면 몸체와 작용이 혼란스럽게 뒤섞여, 간혹 몸체가 없는 작용이 있거나 작용이 없는 몸체가 있게 되니, 알 수 있는 것과 알 수 없는 것을 어떻게 분별할 수 있겠는가? [《신기통》 권1, 〈통지소지급형질통추측통(通之所止及形質通推測通)〉]

✤ 일반적으로 형이상학은 철학의 한 갈래로서, 인간이나 만물을 있게 하거나 만물이 생성하고 소멸하는 제1의 근거나 원리를 찾는 학문이다. 그 원래의 의미가 자연을 초월한 존재를 탐구하는 학문이

라는 뜻이다. 여기서 옮긴이가 형이상학이라고 번역한 최한기의 말은 성리학을 가리킨다.

왜냐하면 성리학은 인간이나 만물이 존재하는 근거로서 최고 원리를 태극(太極)이라 보고, 이 태극이 세상 만물이 생기기 전부터 존재해서 그것으로부터 만물이 생겨났다고 말하기 때문이다. 최한기는 이런 것들은 알 수 없는 것이라고 못 박는다.

그런데 사실 일의 이치나 사물의 법칙에 대해서 아는 것도 쉽지 않다. 그것은 눈과 귀의 감각 기관으로 직접 알 수 있는 것이 아니기 때문이다.

가령 만유인력 법칙을 발견한 뉴턴의 경우 그가 본 것은 단지 사과가 떨어지는 모습뿐이다. 곧 사과나무와 땅과 사과가 떨어지는 순간의 모습이다. 그 모습이 직접 만유인력 법칙을 보여 주지는 않는다. 만유인력 법칙은 사과가 떨어지는 모습을 넘어선 또 다른 앎의 방식이 요구되는 문제다. 이는 이론이나 논리로 알 수 있는 문제로, 추측지통을 말한다. 이것은 인간의 추리와 판단이 동원되는 사고 능력을 통한 논리적인 앎이다. 그러나 모든 사람이 이렇게 이론적으로 잘 아는 것이 아니기 때문에 개인차가 많은 것이다.

그래서 최한기는 감각 기관을 통해 아는 것과 사고 기능을 통해 아는 것을 바르게 구분해야 참다운 앎에 이를 수 있다고 보았다.

추측은 서적에서 찾을 수 있다

성학(聖學)에서 요점만 추려 제시한 것은 먼저 내 마음에서 얻은 것이니, 명칭이 비록 다르나 뜻은 하나다. 서적이 담고 있는 일에는 모두 맥락이 있어 글자가 비록 많으나 종류별로 모을 수 있다.

《논어》의 충서(忠恕)는 추이며 묵지(默識)는 측이다. 《대학》의 격물치지(格物致知)와 혈구(絜矩)는 추측을 아울러 말했으니, 그 뜻을 한 가지로 보는 것임을 알 수 있다.

경(經)·사(史)·자(子)·집(集)의 여러 서적에서 글의 뜻이 연결된 곳에서 단지 글자의 뜻만 가지고 묶어 보면, 인(因)자와 이(以)자와 유(由)자와 수(遂)자는 추의 뜻이다. 량(量)자와 탁(度)자와 지(知)자와 리(理)자는 측의 뜻이다. 그 나머지 비슷하거나 유사한 글자를 다 거론할 겨를이 없다.

[《추측록》 권1, 〈성학급문자추측(聖學及文字推測)〉]

✿ 여기서 최한기는 추측이라는 이론을 자기가 제시했지만, 이것은 갑자기 나온 것이 아니라 이미 이전의 서적에 있었던 개념이라고 말하면서 몇 가지 사례를 들었다. 또 서적에 나오는 한자의 글자를 하나하나 예로 들어 추측에 빗대어 자신의 생각으로 재해석하고 있다.

먼저 《논어》에 나오는 충서와 묵지인데, '수양에 힘써 자신을 속이지 않는 인격을 쌓고 그것을 미루어 다른 사람에게까지 영향을 준다.'라는 충서의 뜻을 추리로 말하고, '묵묵히 마음으로 이해한다.' 라는 묵지의 의미를 판단이라는 뜻으로 해석했다. 그리고 《대학》의 '사물에 나아가 앎을 이룬다(격물치지).'와 '자기의 처지를 미루어 남의 처지를 헤아리는 것(혈구지도)'은 추리와 판단이 함께 들어 있다고 보았다.

또한 경전과 역사책과 여러 성현들이 남긴 서적에 등장하는 글자에서 '무엇으로 인하여[因]' '무엇을 가지고[以]' '무엇으로 말미암아[由]' '무엇을 따라서[遂]'는 추리의 뜻이고, '무엇을 헤아리고[量, 度]' '무엇을 알고[知]' '무엇을 깨닫는[理]' 것은 판단의 뜻이라고 보았다.

실제로 여러 경전과 서적에는 추(推)와 측(測)이 자주 등장한다. 그런데 추와 측이 같이 등장하는 경우는 드문데, 《논어집주》에 다섯 번, 《맹자집주》에 한 번, 그리고 알퐁소 바뇨니라는 선교사가 쓴 《공제격치》에는 추측(推測)이라는 단어가 직접 두 번이나 등장한다.

최한기는 왜 지금까지 동양 철학에서 누구도 주장하지 않았던 이 추측을 유교 경전에서 찾아낸 것일까? 이는 자신의 추측에 대한 이론이 갑자기 생겨난 것이 아니라, 동양의 전통을 잇고 있다는 것을 보여 줌으로써 유학자들의 이단 시비에 휘말리지 않으려 했던 것으로 보인다.

마음은 샘물과 비슷하다

마음을 비유하자면 순수하게 맑은 샘물과 같다. 샘물에 먼저 푸른색 물감을 넣고 다음에 붉은색 물감 그 다음에는 노란색 물감을 넣은 후 차츰 기다리며 관찰해 보자. 푸른색이 없어지고 붉은색은 점점 희미해지고 노란색은 아직 있다. 이 노란색 또한 머지않아 없어질 것이다.

이것에서 알 수 있는 것은 순수하게 맑은 샘물이 다섯 가지 색을 순하게 받아들였다가 고요하게 되자 원래대로 되돌아간다는 점이다. 그러니 다섯 가지 색은 순수하게 맑은 샘물의 본체를 빼앗을 수 없다.

거기에 다시 푸른색 물감을 넣으면 먼젓번에 푸른색을 넣은 것과 마찬가지로 샘물의 색깔은 거의 같다. 이것을 추리해 보면 뒤에 계속 푸른색 물감을 넣어도 이와 같을 것이다. 붉은색 물감을 넣거나 노란색 물감을 넣어도 이와 같을 것이다.

이와 같이 인간이 익힌 것에서도 눈에 보이지는 않더라도 물든 것이 있다.

만약 샘물이 고요할 때 이전처럼 맑게 되돌아갈 수 없다면, 오랫동안 받아들인 색은 필경 혼란스럽게 섞여 백 년이 지난 색은 샘의 한 모퉁이에 쌓여 변하지 않아서 지금 넣는 색깔과 다르지 않게 하나의 비단을 수놓은 샘물이 될 것이다.

그러나 샘물은 고요할 때 다시 본래의 색으로 되돌아갈 수 있으므로, 여러 색을 받아들이나 그 색깔을 분명히 하고 여러 색깔을 거두어 저장하나 그 흔적이 없다. 혼탁한 샘물의 경우 여러 색을 섞으면 반드시 혼탁하고 색을 분명히 드러내는 것도 탁하다. 그러나 고요할 때 원래대로 맑게 돌아가는 것은 맑은 샘물과 동일하다.

그러므로 순수하게 맑은 것은 샘물의 본래 색깔이다. 색을 넣은 것은 샘물의 경험이다. 넣은 색은 비록 없어지더라도 순수하게 맑은 가운데 경험이 저절로 존재하며, 경험이 계속 쌓이면 추측이 저절로 생긴다.

[《추측록》 권1, 〈본체순담(本體純澹)〉]

✚ 인간의 마음을 샘물에 비유하여 경험과 추측의 관계를 설명했다. 곧 마음을 원래 맑은 것으로 보고 인간의 경험이란 샘물에 물감을 넣는 일에 비유했다. 이 논리에 따르면 수많은 경험을 바탕으로 추측이 생긴다.

여기서 최한기는 인간이 갖고 있는 기억과 망각이란 심리를 비유적으로 잘 표현하고 있다. 우리는 수많은 경험을 하면서 살지만, 그 경험을 일일이 다 기억하지 못하고 망각하면서 산다. 그런데 어떤 종류의 경험이 반복되면 상대적으로 그것을 길게 기억한다. 마치 푸른 색 물감을 샘물에 계속 넣었을 때 샘물이 그동안 푸르게 보이는 것과 같다. 기억이 사라지면 그것을 잊은 것처럼 보이지만 필요하면 기억을 되살려 낸다. 이것이 '순수하게 맑은 가운데 경험이 저절로 존재한다.'라는 말의 뜻이다.

인간은 많은 경험을 통해서 사고가 풍부해지고 추리와 판단을 능숙하게 하게 된다. 설령 경험한 내용이 사라지더라도 그것을 통해 계발된 정신적 기능은 그대로 남는다는 것이다.

추측의 방법

자를 추리의 대상으로 삼고 길고 짧음을 판단의 대상으로 삼으며, 컴퍼스와 곱자를 추리의 대상으로 삼고 네모와 원을 판단의 대상으로 삼는다. 저울을 추리의 대상으로 삼아 가벼움과 무거움을 판단의 대상으로 삼으며, 자연과 사람을 추리의 대상으로 삼고 사물을 판단의 대상으로 삼는다. 올바른 것에 적중하는 것을 추리의 대상으로 삼고 지나치거나 모자라지 않는 것을 판단의 대상으로 삼으니, 이것들은 근원을 추리하여 말단을 판단하는 것이다.

지나치거나 모자라는 것을 추리하여 올바른 것에 적중하는 것을 판단하고, 사물을 추리하여 자연과 인간을 판단하며, 가벼움과 무거움을 추리하여 저울을 판단하고, 네모와 원을 추리하여 컴퍼스와 곱자를 판단하며, 길고 짧음을 미루어 자를 판단하는 것 등은 모두 말단을 추리하여 근원을 판단하는 것이다.

하나를 추리하여 만 가지를 판단하는 것은 근원을 추리하여 말단을 판단하는 것이고, 만 가지를 추리하여 하나를 판단하는 것은 말단을 추리하여 근원을 판단하는 것이다. 그러므로 만사만물은 그 사물을 이룬 질료와 그 사물의 속성에 따라 비슷한 무리로 서로 증험되니, 여기에 모두 추측이 존재한다.

그러나 추리와 판단은 본래 정해진 원칙이 없다. 사물을 연구할 때에는 근원을 추리의 대상으로 삼고 말단을 판단의 대상으로 삼으나, 적용할 때는 말단을 추리의 대상으로 삼고 근원을 판단의 대상으로 삼는다. [《추측록》권1, 〈추측원위(推測原委)〉]

♣ 추측의 구체적 방법을 예를 들어 설명했다. 근원을 추리하여 말단을 판단하는 경우와 말단을 추리하여 근원을 판단하는 방법을 말하고 있다. _

여기서 말하는 논리는 근원과 말단, 하나와 만 가지의 관계 문제로 압축할 수 있는데, 근원은 하나에 속하고 말단은 만 가지에 속한다. 그래서 위 글 가운데 "하나를 추리하여 만 가지를 판단하는 것"의 경우는, 가령 '사람은 죽는다.'라는 사실을 추리하여 '영수도 죽고 철수도 죽고 갑돌이도 죽는다.'라고 판단하는 것과 같다. 이것은 보편적 원리를 추론하여 구체적인 사물 하나하나를 판단하는 방법인데, 이것을 오늘날 연역 추리라고 부른다.

반면에 "만 가지를 추리하여 하나를 판단하는 것"의 경우는 가령 '소크라테스도 죽었다. 이순신도 죽었다. 이완용도 죽었다.'라는 것을 추리하여 '사람은 죽는다.'라고 판단하는 것과 같은데, 이것은 구체적인 사실 하나하나를 가지고 하나의 보편적 원리를 판단하는 방법으로 오늘날 귀납 추리라고 불린다.

4. 법칙과 관념

추측지리는 타고나는 것이 아니다

넓게 배우되 그 가운데서 추리한 것을 머릿속에 쌓고, 그 배운 것을 예(禮)로써 요약하되 그 가운데서 판단한 것을 확정한 후에 혹 만 가지 이치가 마음에 갖추어졌다고 말할 수 있으니, 이것은 추측지리요, 유행지리가 아니다.

마음이란 사물을 추측하는 거울이다. 마음의 본체를 말하자면 순수하고 맑고 텅 비고 밝아 그 속에 한 가지 물건도 가지고 있지 않다. 그러나 견문과 경험이 오랫동안 쌓여 익숙하게 되면 추측이 생긴다.

만약 경험이 오랫동안 쌓이지 않았다면 추측이 무엇을 따라 생기겠는가? 간혹 추측이 이미 드러난 후에 오랫동안 쌓은 경험을 고려하지 않고, 다만 지금 추측을 사용하는 것을 보니 비록 만 가지 이치가 마음에 갖추어진 것 같으나, 사실은 마음이 텅 비고 밝은 것은 이전과 다름이 없고, 오직 얻은 추측지리만 있을 뿐이다.

맹자는 "만물이 모두 나에게 갖추어져 있다."라고 말하고, 주자는

"많은 이치를 갖추어 만사에 응한다."라고 말했는데, 이것은 모두 추측의 큰 작용을 찬미한 말이지, 결코 만물의 이치가 본래 마음에 갖추어져 있다는 말이 아니다.

후세 사람들이 혹 뜻을 숨겨서 치우치게 해석해서, 선천적인 이치를 갖추지 않은 물건이 없다고 여긴다. 다만 그 선천적인 이치를 모르는 이유를 인간이 가진 기질의 가림 탓으로만 돌려 찾는다. 이런 학풍은 옛 성인의 글을 추리하되 잘못 판단하여 학문의 방향이 성인의 학문과 판이하게 달라진 데서 나온 것이다.

[《추측록》 권1, 〈만리추측(萬理推測)〉]

✤ 최한기가 말한 요지는 인간의 마음속에는 원래 어떠한 앎도 없었는데, 보고 듣는 경험을 통해 추측의 기능이 생기고 그 기능을 통해 여러 가지 이치를 얻는다는 것이다. 물론 이것은 추측지리로서 자연법칙인 유행지리와 다르다. 최한기는 이러한 추측을 통해 알아낸 관념(생각이나 윤리 등)을 실제로 마음에 본래부터 갖추어진 이치로 혼동하고 있다는 점에 대해 비판한다. 결국 최한기는 마음속에 떠오르는 관념은 모두 경험과 추측을 통해 나온다고 본 것이다.

그는 "주자는 많은 이치를 갖추어 만사에 응한다라고 말했는데, 이것은 모두 추측의 큰 작용을 찬미한 말이지, 결코 만물의 이치가 본래 마음에 갖추어져 있다는 말이 아니다."라고 말하며 주자를 직접 비판하지 않고 주자의 본래의 뜻이 그것이 아니라고 말하고 있다. 그러나 이는 당시 주자학적 풍토가 짙게 드리워진 조선 후기 사회에서 따돌림의 화살을 피하기 위한 수사적 표현이라고 볼 수 있다.

자연법칙과 인간 사유의 결과는 구별해야 한다

인간의 몸이라는 기질 속에 있는 이치는 유행지리다. 그러나 추측지리는 인간 스스로 얻은 것이다. 보고 듣는 경험이 있기 전에는 단지 인간에게 유행지리만 있다가 외부의 사물을 경험한 후에 추측지리가 있게 된다.

그래서 인간의 추측지리를 유행지리에서 나왔다고 말할 수는 있다. 그러나 추측지리가 곧 유행지리라고는 말할 수 없다.

추측지리와 유행지리를 구별하지 않으면, 혹 잘못된 추리의 결과를 자연법칙으로 오해하고, 순수한 자연법칙을 확보하기가 어렵다. 그러므로 맹자는, "성실함 그 자체는 자연의 원리다. 성실하고자 하는 것은 인간의 도리다."라고 했다.

일반적으로 자연의 방식은 만물에게 실제적 이치를 부여하고, 인간의 방식은 만물에 부여된 실제적 이치를 생각하되 어김과 어긋남이 없어야 한다. [《추측록》 권2, 〈천인유분(天人有分)〉]

✦ 추리하고 사고하는 것은 인간이 할 수 있는 일이다. 그러나 그

추리한 결과가 꼭 자연법칙과 일치하는 것은 아니다. 왜냐하면 추리한 이치 가운데에는 인간에게만 해당되는 윤리나 도덕, 사회적 원리 등이 있고, 또 자연에 대한 이해에도 오류가 생길 수도 있고, 자연과 무관한 상상의 결과가 있을 수도 있기 때문이다. 그러므로 자연법칙과 인간이 사고하여 추리한 이치는 분명 차이가 있고 둘을 혼동해서는 안 된다는 것이다.

최한기가 이렇게 말한 의도는 과거 사람들이 모든 이치를 천리, 곧 하늘의 이치라고 여겼기 때문이다. 하늘의 이치라고 한 까닭은 하늘의 권위를 빌기 위해서였다. 가령 과거에는 신분 차별이나 법도 등을 하늘의 이치라고 여겨 절대적으로 지키게 했다. 여기서 최한기의 속마음은 바로 이런 것이 인간 사고의 산물, 곧 하늘의 이치가 아니라 인간이 만든 것이라고 말하려는 데 있다. 그래서 자연의 법칙과 인간의 윤리·도덕 및 질서를 구별하고자 했다.

이런 주장은 생각하기에 따라서는 혁명적인 성향을 지닌다. 사회 체제의 근본을 흔드는 내용이기 때문이다. 그러나 당시 지배층은 최한기를 주목하지 않았기 때문에 그의 주장은 사회에 큰 반향을 불러일으키지는 못했다.

한편 이 글에서도 최한기가 맹자의 말을 끌어들인 것은 자기주장이 성현의 뜻에 벗어나지 않는다는 점을 합리화하기 위한 것이라고 볼 수 있다.

사랑과 공경도 추측에서 나온다

어린아이도 그 어버이를 사랑하고 형을 공경할 줄 아는 것은 추측에서 나온다. 추측이 없다면 어버이와 형이 하늘이 맺어 준 친족이라는 것을 알기 어려운데, 어떻게 사랑과 공경을 논할 수 있겠는가?

부형의 곁에서 태어나 자란 사람은 저절로 기억된 견문이 있어서, 두세 살 정도가 되면 그 어버이를 사랑하고 자라서는 그 형을 공경하게 된다.

만약 태어날 때 다른 사람이 그 아이를 거두어 입양하되 그 사실을 노출하지 않으면, 비록 수십 년이 지나도 그 사람이 친부모를 어떻게 알 수 있겠는가? 또 선천적으로 귀가 먹고 눈이 멀었다면 비록 부모나 형의 곁에서 오랫동안 양육되었어도, 어떻게 그 사랑과 공경을 다할 수 있겠는가?

그러므로 부모를 사랑하고 형을 공경하는 것은 실로 오랫동안 기억된 견문과 추측에서 나온 것이다. 이른바 사랑과 공경이 양지(良知)와 양능(良能)에서 나온다고 하는 것은 다만 그 기억된 이후를 들어 말한 것이지, 기억되기 이전의 일을 말한 것이 아니다.

만약 사랑과 공경의 이치가 마음속에 본래부터 갖추어져 있으나 기질의 가림 때문에 밖으로 드러나지 못한다고 말한다면, 경험을 통해 기억되기 이전의 사랑과 공경이 본래부터 갖추어져 있는지에 대해서 지적할 것이 없다. 다만 기억된 이후의 추측한 것을 가지고 기억된 이전의 모습에 거슬러 올라간들 무슨 흔적이 있어 논할 수 있겠는가?

기질의 가림이란 곧 어린아이에게 추측이 아직 발달하지 않았을 때의 일이므로, 사랑과 공경의 앞뒤에 그것이 있었는지 없었는지에 대해서는 도무지 논할 수 없다. 그러므로 그가 처음 경험한 것으로부터 사랑과 공경의 근원으로 여겨야 진실로 참된 것이 된다.

[《추측록》 권1, 〈애경출어추측(愛敬出於推測)〉]

✤ 양지와 양능은 《맹자》에 나오는 말로 오늘날로 말하면 일종의 도덕적 이성 또는 양심이다. 즉, 인간이 도덕적 판단을 할 수 있는 일종의 능력이다. 맹자는 이 능력을 선천적으로 타고난다고 보았다. 그리고 사랑과 공경이란 구체적인 윤리다. 최한기가 여기서 말하고자 하는 것은 사랑과 공경과 같은 구체적인 윤리와, 도덕 판단의 능력인 양지·양능과의 관계였다.

최한기는 도덕적 판단의 능력이 인간에게 있음을 부정하지는 않았다. 그리고 인간이 사랑과 공경을 할 줄 안다는 사실도 부정하지 않았다.

그러나 그는 사랑과 공경이 양지와 양능이라는 도덕 판단에서 나온 것은 분명하지만, 경험이나 추측이 없이 구체적 윤리 행위가 나오지는 않는다는 점을 강조한다. 그것은 부모에 대한 효도나 형제간의 우애도 경험이나 가르침을 통해 행하게 된다는 관점과 같다.

오늘날의 현대인들은 옛날 사람들처럼 효도와 우애를 중요하게 여기지 않는다. 그 이유는 효도나 우애를 강조하지 않고 가르치지 않고 생각해 보지 않은 환경 때문이다. 이렇게 보면 부모나 형에 대한 사랑과 공경만이 아니라 모든 윤리 덕목도 경험적으로 가르치지 않고는 이행하기가 어려운 일이다. 그런데도 전통적인 유학자들은 그것이 마치 경험 이전에 인간의 본성으로 주어진 것으로 여겨 본성을 가리는 기질만 바꾸면 된다고 생각했으므로 최한기는 이를 비판하고 있는 것이다.

자연적인 것과 인간적인 것

자연적인 것은 하늘과 땅의 유행지리다. 당연한 것은 인간 마음의 추측지리다. 배우는 사람은 자연적인 것을 표준으로 삼고, 당연한 것을 공부로 삼는다.

자연적인 것은 자연에 속하여 인간의 힘으로 보태거나 뺄 수 있는 것이 아니다. 당연한 것은 인간에 속하여 이것을 가지고 공부를 한다.

당연한 것 외에 또 당연하지 않은 것이 있다. 마치 착한 사람 외에 착하지 않은 사람이 있는 것과 같다. 그러므로 당연하지 않은 것을 버리고 당연한 것을 취한다. 또 당연한 것 가운데 우수한 것과 열등한 것, 순수한 것과 섞인 것이 있으므로, 갈고 다듬는 데 있어서 자연적인 것을 표준으로 삼아야 한다. 이것이 공부의 바른 길이다.

그런데 간혹 아는 것이 없고 미혹된 사람이 있는데, 이는 전적으로 자연적인 것의 공부를 잘못했기 때문이다. 또 당연한 것에 뜻을 두지 않으면 인간의 도리를 버리는 것이니 결국 무엇을 이룰 수 있겠는가?

[《추측록》 권2, 〈자연당연(自然當然)〉]

✤ 최한기는 자연과 인간을 논리적으로 엄격하게 구별했는데, 여기서 자연적인 것은 자연에 속한 유행지리 곧 자연법칙이며, 당연한 것은 인간의 여러 가지 윤리나 도덕을 말한다. 다시 말하면 자연적인 것=자연의 일=유행지리=자연법칙이고, 당연한 것=인간의 일=추측지리=관념이다. 그러니까 자연은 인간의 일, 특히 인간의 도덕과 무관하다.

여기서 중요한 것은 자연법칙을 인간이 어떻게 할 수 없다는 점이다. 더 중요한 것은 추측지리가 인간의 도덕과 관계가 된다고 해도, 그것이 자연법칙인 유행지리를 표준으로 삼아야 한다는 주장이다.

그런데 자연법칙이 인간의 일과 무관하다고 하면서 어떻게 자연법칙이 인간 윤리의 표준이 될 수 있겠는가? 이것은 서로 모순이 아닌가? 또한 인간의 윤리나 도덕도 자연법칙을 어떻게 표준으로 삼아야 하는가?

이 점은 최한기 철학에서 매우 난해하고 어려운 부분이지만 간단히 결론부터 말하면, 자연법칙을 표준으로 삼아야 한다는 이유는 두 가지로 설명할 수 있다. 하나는 윤리와 도덕도 자연적 사실에 근거를 두어야 한다는 점이고, 다른 하나는 인간이 자연의 질서를 거스르고는 살 수 없다는 사실이다.

따라서 윤리와 도덕이 자연 속에 없다는 선언은 자연법칙인 천리 속에 인간 윤리의 영원성이 들어 있다는 전통 성리학의 주장을 정면으로 부인하는 것이다. 물론 이런 주장은 하늘과 인간은 상관이 없다는 뜻에서 고대의 노자나 순자 같은 사람들이 주장한 관점과 동일하다. 최한기는 노자의 자연을 따라야 한다는 논리를 부분적으로 수용하면서, 구체적으로 명확하게 이 문제에 대해서 결론을 내렸다.

그렇다면 왜 최한기는 이렇게 자연적인 것과 인간적인 것을 구별해서 말했을까? 이것은 한국 철학사에서 매우 중요한 변화를 뜻한다. 최한기가 활동하던 당시 조선 후기 지식인들은 대다수가 주자 성리학에 심취해 있었다. 그들은 인간적인 윤리를 최고의 가치로 여겨서 그것이 자연 속에 존재하는 하늘의 이치 곧 천리라고 주장함으로써 절대 불변하는 가치로 여겼다. 그래서 리가 존귀하고 기가 비천하다거나, 리가 주인이고 기가 하인이라거나, 리가 스승이고 기가 제자라는 주장을 하면서, 리를 매우 중요하고 높은 개념으로 삼았다. 이들이 말한 리는 인간과 짐승, 문명과 야만, 동양과 서양, 선과 악을 구별하는 윤리적인 기준이었다. 이런 주장은 당시의 신분 제도를 옹

호해 양반 중심의 통치 기반을 확고히 하고, 동시에 오랑캐인 외세를 배격하여 유교적 질서를 높이려 했던 의도에서 나왔다. 또 여기에는 스스로 문명국이라는 자부심도 깔려 있었다.

최한기는 당연히 그들이 말한 리는 인간의 추측지리로서, 자연법칙이 아니라고 못을 박았다. 즉, 자연과 인간 사회의 일을 혼동해서는 안 된다고 주장한 것이다. 이 주장도 결국 조선 사회의 지배 이념이나 윤리가 절대적인 것이 아니라는 논리적 근거가 되면서 조선이 새로운 시대에 맞는 사회로 발전해야 마땅하다는 최한기의 염원이 담겨 있다고 볼 수 있다.

추측은 유행지리를 기준으로 한다

천지 만물의 유행지리는 하늘의 굳세고 땅의 순한 작용이 만물을 변화시켜 길러 주는 가운데 있으므로 인간이 보태거나 뺄 수 있는 것이 아니다. 그러나 저 추측지리에는 저절로 서투름과 익숙함, 얻음과 잃음의 구분이 있어 바로잡고 변통할 수 있다.

리학의 리와 태극(太極)이라는 리와 서적에서 논한 리는 모두 추측지리다. 추측지리는 유행지리를 기준으로 삼고, 유행지리는 기질을 가지고 분별한다. [《추측록》 권2, 〈추측이유행리위준(推測以流行理爲準)〉]

✤ 최한기는 유행지리는 인간이 어떻게 할 수 없는 자연법칙인 반

면, 추측지리는 인간 사유의 산물이므로 오류가 있을 수 있어 바로잡을 수 있다고 보았다. 따라서 주자 성리학에서 말하는 리나 최고 원리인 태극이라는 것도 따지고 보면 추측지리라고 본 것이다.

최한기가 이런 주장을 하게 된 또 하나의 배경은 그가 고대로부터 내려오는 유학의 흐름을 새롭게 정립했다는 학문적 자부심과 연결된다. 곧 공자 이후 유학의 진정한 계승자는 주자나 왕수인, 또는 이이나 이황 등이 아니라 바로 자신이라는 자긍심이 엿보인다.

5. 검증

증험이 필요하다

경험을 통해 정보와 지식을 마음에 모아들일 때는 내용의 앞뒤와 많고 적음에 구애받지 않되, 증거에 대조시켜 어긋남이 없는 것을 참된 것으로 삼는다.

일반적으로 앎에는 세 가지 등급이 있다. 일에 앞서서 대강의 범위를 아는 앎이 있고, 일을 실천해 나갈 때는 점차 진보하는 앎이 있고, 일을 끝낸 뒤에는 증험해서 아는 앎이 있다. 그러므로 어찌 범위만 아는 것을 가지고 스스로 만족하여 증험해서 아는 것을 돌아보지 않고 스스로 기뻐할 수 있겠는가?

만약 증험을 쌓아 나가 일의 처음과 끝을 통달하여, 일에 앞서 뒷일을 짐작하고 중요한 것을 건드리면 세세한 것은 저절로 해결되니 어찌 앎을 세 가지 등급으로 나눌 수 있겠는가?

[《신기통》 권1, 〈통유시중종(通有始中終)〉]

✢ 어떤 일의 대강의 범위를 아는 것에서 점차 진보하여 나아가 일이 끝난 뒤에 증험하여 아는 단계가 있다는 것은 앎의 수준이 단계에 따라 다르다는 것을 의미한다. 그리고 증험하여 아는 단계를 최고의 앎이라고 말하고 있다.

더구나 증험을 잘하여 쌓아 간다면 굳이 앎을 세 단계로 나눌 필요가 없다고까지 말해 증험과 참된 앎이 관계된다는 것을 강조하고 있다.

증험의 뜻

나를 가지고 나를 살피는 것은 되돌아보는 것이다. 사물을 가지고 사물을 살피는 것에는 내가 없다. 내가 사물을 살피는 것은 궁리다. 사물을 가지고 나를 살피는 것은 증험이다. 내가 있으나 사물이 없는 것은 아직 인식 활동이 일어나지 않은 것이다. 이 다섯 가지가 갖추어지면 추측이 이루어진다.

나의 마음을 추리하여 나의 행동을 판단하고 이전의 허물을 되돌아

보고 다가올 효과를 살피는 것이 나를 가지고 나를 살피는 것이라고 말한다.

천하 사람들이 눈으로 본 것을 추리하여 내가 보는 것으로 삼고, 천하 사람들이 귀로 들은 것을 추리하여 내가 듣는 것으로 삼으며, 앞의 사물을 추리하여 뒤의 사물을 판단하고, 왼쪽의 사물을 추리하여 오른쪽의 사물을 판단하는 것을 사물을 가지고 사물을 관찰한다고 말한다.

내가 이전에 알게 된 이치를 추리하여 고금의 물리를 판단하는 것을 일러 내가 사물을 살핀다고 한다.

내가 이미 판단한 것이 물리에 부합하는지를 증험하는 것을 사물을 가지고 나를 살피는 것이라 말한다.

듣지도 보지도 않고 사물에 접하는 것도 없이, 마음을 보존하고 본성을 기르면서 기쁨과 분노의 감정이 드러나지 않는 것을 일러 내가 있고 사물이 없다고 말한다.　　　　　[《추측록》 권6, 〈관물유오(觀物有五)〉]

✤ 이 글은 원래 사물을 살피는 다섯 가지 종류를 말한 것이다. 송나라 철학자 소옹(邵雍)의 《관물편(觀物篇)》의 내용을 참고하여 최한기 자신의 논리를 덧붙인 글이다.

사물을 살피는 다섯 가지 방법이란 자신을 되돌아보는 것, 주체인 나의 입장을 떠나 사물을 객관적으로 보는 것, 주체인 내가 직접 사물을 탐구하는 것, 객관적인 사실을 가지고 주체인 나를 살피는 것, 밖의 대상과 관계하지 않고 자신을 수양하는 것이다.

또한 그는 여기서 증험의 의미를 말하고 있다. 증험이란 내가 사물을 제대로 알고 있는지, 사물의 물리를 가지고 내가 아는 것이 거기에 부합되는지를 검증하는 과정이다. 다시 말해 사물의 객관적인 이치를 가지고 나의 앎이 맞는지 틀리는지를 따져 보는 과정이다.

증험되어야 앎을 인정할 수 있다

대체로 기(氣)를 알아 가더라도 증험할 수 있는 것이라야 알았다고 인정할 수 있다. 비록 알았다고 말하더라도 증험한 것이 없으면 알았다고 인정할 수 없다.

일반적으로 알게 하는 것은 기의 힘이고, 알고자 하는 대상은 눈앞을 가로막고 있는 사물이다.

안다는 것이 어떻게 진행되는가? 먼저 천지의 신기에서 앎을 얻어서 자신의 몸에 있는 신기(마음)의 범위를 세우고, 그런 다음 좌우에서 취하여 쓰되 근원과 말단을 둔다. 그리하여 마음속에 알게 된 것을 가지고 바깥 사물을 알아 가되, 앞의 것을 들어 뒤의 것을 알게 되는 데 이르면, 어디서나 합당하게 된다.

그러나 만약 먼저 얻었다는 마음의 이치를 가지고 스스로 규모를 정해 놓고, 그것을 가지고 천하 사물을 증험하려고 든다면, 마치 밖에서 응하는 것이 없는데 안에서만 한갓 고생하는 것과 같으니, 그리고 서는 대상을 알 수 없다.　　　　　[《신기통》권1, 〈통유상응(通有相應)〉]

♣ 이 글에서 최한기는 사물을 인식할 때 증험이 있어야 참된 앎이라고 주장하고 있다.

그런데 여기서 중요한 철학적 문제를 보여 준다. 그는 먼저 '천지의 신기에서 앎을 얻어서 자신의 몸에 있는 마음의 범위를 세운다.'라고 했다.

사실 이 말은 인식론에서 매우 중요한 개념을 말한 것이다. '천지의 신기'란 인식 대상인 자연물이며 '앎을 얻는다.'라는 말은 경험을 말한다. 또 '자신의 몸에 있는 신기(마음)의 범위를 세운다.'라는 말은 우리가 사물을 받아들일 때 개념적으로 인식한다는 뜻이다.

개념적으로 인식한다는 말은 가령 나뭇잎을 볼 때 녹색이라고 말하고, 그림을 그릴 때도 그렇게 생각하고 그린다. 그러나 실상은 나뭇잎이 녹색만을 띠고 있는 것이 아니다. 그런데도 우리는 그것을 무시하고 녹색이라는 생각을 가지고 그리거나 말한다. 이처럼 우리는 사물에 대해 정해진 개념을 가지고 사고의 범주(범위나 영역)를 정해서 사물을 인식한다.

이 범주는 가령 실체, 속성, 양과 질, 관계, 장소, 시간, 위치, 상태,

수동과 능동 등의 개념인데, 최한기는 이런 것들에 대해, 사물을 먼저 경험함으로써 마음속에 받아들여 세운 마음의 범위라고 말했다.

인간은 이런 범주를 세우고 그 기준에 의해 여러 정보를 받아들인다. 그 표현이 '신기(마음)의 범위를 세우고 좌우에서 취하여 쓰되 근원과 말단을 둔다.'라는 말이다. 다음으로 '마음속에 알게 된 것을 가지고 밖의 것을 알아 간다.'라는 뜻은 기존의 알게 된 지식이나 개념을 가지고 새로 알게 되는 지식과 비교하거나 검토하여 알아 간다는 뜻이다.

그러므로 앎이란 맹목적으로 바깥의 정보를 아무런 생각 없이 받아들이는 것이 아니라, 항상 이전의 지식과 정보 또는 내면에 확립된 일정한 기준이나 범주를 가지고 비교·검토·검증하면서 이루어진다는 것이 최한기의 견해다. 당시로서는 과학적으로 탁월한 주장이라고 할 수 있다.

증험의 방법

남이 아는 것을 내가 알 수 없다면, 나의 마음에 치우치거나 막힌 것이 있음을 증험할 수 있다. 내가 아는 것을 남이 알지 못하면, 또한 남의 마음에 치우치거나 막힌 것이 있음을 증험할 수 있다.

그러니 아는 것과 알지 못하는 것을 어찌 스스로 판단하거나 스스로 만족할 수 있겠는가? 반드시 다른 사람에게서 증험하여, 그가 알지 못한 것을 알아야 한다. 그래도 오히려 석연치 않거든 물건에서 증험하여 자연과 인간의 신기가 서로 통하는 것에 어김이 없도록 해야 한다.

아느냐 알지 못하느냐 하는 것이 비록 입문하는 방법이 되지만, 아는 것 가운데에서도 저절로 선악으로 갈라지는 것과 득실로 나누어짐이 있다. 그러니 악한 것과 손실에 대한 것도 스스로 그 앎이 아닌 적이 없고, 선한 것과 이득에 대한 것도 또한 그 앎을 자신해서는 안 되니, 반드시 다른 사람과 물건의 신기에서 증험해야 한다.

증험할 때는 한 모퉁이에 부합되는 것과 일시적으로 응하는 것을 가지고 그 증험을 자신해서는 안 된다. 마땅히 기질이 서로 통하는 것과 시종일관 어긋남이 없는 것을 가지고 여러 번 시험하고 자주 증험하되, 악한 것과 손실에 관계된 것은 그 앎을 고치고 선한 것과 이득에 관계된 것은 그 앎을 더욱 넓혀 나가야 바야흐로 증험이라고 말할 수 있다.

만약 증거를 대고 시험을 거쳤으나 앎을 고치거나 더욱 넓히지 않았다면, 어찌 증험이라 일컬을 수 있겠는가?

[《신기통》 권1, 〈물아증험(物我證驗)〉]

✤ 여기서 등장하는 증험의 방법은 두 가지다. 하나는 타인에게서 증험하는 경우로, 타인이 검증 기준이 된다. 이때 검증 기준은 타인

의 경우 내가 될 수도 있고, 나의 경우는 타인이 될 수도 있다. 이러한 증험은 간접적인 증험이다. 그런데 이 경우는 타인이 알고 있는 정보가 정확하지 않을 경우 문제가 생길 수도 있다.

다른 하나는 직접 증험으로, 물건에 검증하는 방법이다. 그 물건은 기가 유행하는 현장이기 때문에 실험이나 시험을 통해 검증할 수 있다.

그리고 증험은 여러 번에 걸쳐야 앎의 객관적 진리성이 확보된다. 가령 제약 회사에서 어떤 약효를 검증할 때 동원되는 실험용 쥐나 검증에 참여하는 사람의 수를 늘리는 이유가 여기에 있다. 그래서 최한기는 한때 한순간 실험이나 시험이 들어맞았다고 자신해서는 안 된다고 말한다. 따라서 좋지 못한 앎은 고치고, 좋은 앎은 더욱 넓혀 나가야 한다고 주장하며 거기까지 가야 진정한 증험이라고 강조하고 있는 것이다.

앎을 서로 참고하여 증험한다

한 물건에서 그 품질의 우열을 증험할 때, 단지 한때의 견해를 따라서 신속하게 결정해서는 안 된다. 또 한때 들은 것에 따라 바로잡았다고 여겨서도 안 된다. 마땅히 눈으로 본 색을 귀가 들은 품질에 참여시키고, 또 냄새 맡고 맛보고 손으로 만져 본 것에 참여시켜, 그 마땅함을 따라 증험을 취해야 한다. 그래서 서너 가지가 부합하고 두세 차례 비교까지 해야 거의 우열을 정할 수 있다.

　그러나 인간이 냄새 맡고 맛보고 보고 듣는 것으로 그 묘한 작용을 다하기가 어렵다. 보는 기능이 듣는 기능보다 나은 사람이 있고, 듣는 기능이 보는 기능보다 나은 사람도 있으며, 또 냄새로 찾는 것이 맛으로 찾는 것보다 못한 사람도 있고, 맛으로 찾는 것이 냄새로 찾는 것보다 못한 사람도 있다. 이것이 어찌 유독 감각이 통하는 기질에 본래 예민함과 둔함의 차이가 있어서인가? 오히려 익힌 경험과 비교하고 증험하는 것에 깊고 얕거나 서투르고 익숙하다는 차이가 있기 때문이다.

　서투르게 본 것을 가지고 익숙하게 들은 것과 비교하면 본 것이 들은 것만 못하므로, 반드시 전후에 들은 것을 가지고 증험에 간여시켜야 한다. 또 얕게 냄새 맡은 것을 깊게 맛본 것과 비교하면 냄새 맡은 것이 맛본 것보다 못하므로, 반드시 전후의 맛본 것을 가지고 증험에 간여시켜야 한다.

　그래도 부족하다면 손으로 이리저리 만져 보아 그 물건의 면을 문질러 그 몸체를 증험하고, 그 틈을 파내 그 재질을 찾는다. 이렇게 각각의 앎을 간여시켜 증험한 것이 잘 갖추어지면 실수가 거의 없다.

　인간의 걱정거리는 항상 자기가 안 것을 헤아리지 못하고 오로지 대상이 마땅한지 탓하는 데 있다. 먼저 자기의 앎이 정교한지 서투른지 살피고, 다음으로 피차의 앎을 서로 참고하며 전후의 사정을 증험

해야 한다.　　　　　　　　　[《신기통》 권3, 〈참호증험(參互證驗)〉]

✣ 증험이란 여러 상황에서 이루어질 수 있지만 여기서는 감각 기능상의 문제를 가지고 접근하고 있다. 즉, 여러 기관에서 감각된 내용을 종합하여 정확한 앎을 찾아야 한다고 주장하고 있는 것이다.

그런데 감각 기능이라는 것이 선천적으로 주어진 기능상의 능력 때문이 아니라, 실은 경험의 유무에 따라 결정된다고 보았다. 가령 사람마다 맛보는 능력은 대동소이하지만, 보통 사람의 그것은 음식의 맛을 감별하는 요리사와 비교할 수 없다. 또 보통 사람들이 밤하늘의 별을 보는 것과 천문학자가 보는 것은 분명 다르다. 그것은 맛보거나 별을 보는 감각 기능상의 차이 때문이 아니다. 그들은 그만큼 경험이 많기 때문이다. 따라서 최한기는 타인의 감각 경험을 가지고 내가 아는 것과 간여시켜 증험해야 한다고 보았다.

그러므로 자기가 아는 것만 가지고 말할 것이 아니라 그것이 정확한 정보인지를 항상 타인의 정보와 비교해 보아야 한다는 것이다.

결국 인간의 앎이란 타당한 객관적 지식이 되어야 하며 이것이 증험의 진정한 뜻이라고 최한기는 주장하고 있는 것이다.

제 **3** 장

우리는
어떻게
살아야
하나?

제3장_ 우리는 어떻게 살아야 하나?

제1장에서 세상이 무엇으로 이루어졌는가를 알아보고, 또 제2장에서 우리가 세상을 어떻게 알게 되는지를 탐구했던 것은 세상을 올바르게 살기 위해서다. 세상을 이루고 있는 본질과 그 세상을 어떻게 알게 되는지에 대한 진실을 알지 못한 채 살아간다면, 우리의 삶은 목적과 방향을 잃게 되거나 혹은 누군가에게 속고 살게 될지도 모르기 때문이다. 일례로 미신이 판치는 사회에서 사람들이 그 미신을 진실이라 여겨 그것을 따르게 되니, 온통 거짓되고 잘못된 삶을 사는 것과 같다.

제3장은 이렇게 세계와 앎의 문제에서 밝혀진 진리를 토대로 '우리는 어떻게 살아야 하는가?'라는 실천의 문제를 다룬다. 그런데 인간이 실천해야 할 문제에는 여러 영역이 있고, 그 관심은 시대에 따라 다르다. 최한기는 19세기 조선 후기에 살았으므로 그가 당시 상황에서 해결해야 할 실천의 문제는 그와 연관된 것일 수밖에 없었다.

최한기가 당시 바로잡고자 한 실천적 문제는 먼저 참된 학문을 세워야 한다는 점이었다.

최한기는 자신이 세운 학문을 기준으로 전통적인 학문을 비판하고 있다. 비판의 대상 가운데 성리학과 양명학도 예외는 아니지만, 나머지 불교와 도교(도가)의 미신적 측면을 강하게 비판했으며 당시 전파된 천주교에 대해서도 비판적 입장을 취했다.

그가 서양 과학은 받아들이면서도 불교, 도교와 함께 서양 종교를 거부한 이유는 전통적인 유학자들의 관점과 동일하다. 영혼불멸이나 천당, 지옥 따위를 믿지 않았기 때문이다.

두 번째로 최한기가 바로잡고자 한 실천적 문제는 자연과 인간의 관계 설정 문제로, 그는 인간이 행복하게 잘 살기 위해서는 자연의 질서를 잘 파악하여 인간이 그것을 잘 따라야 한다고 보았다. 이렇게 자연을 따른다는 관점은 자연에 대한 미신적이고 맹목적인 신앙이 아니라, 과학적 측면에서 인간이 자연을 이용하고 그 질서를 존중한다는 의미다.

그 다음은 변통의 문제다. 변통은 바꾸고 소통한다는 의미에서 제도적 개혁을 말한다. 그리고 19세기 조선 사회에 가장 시급한 문제는 바로 이 개혁이었다.

세도 정권하에서 도도히 밀려오는 서양 세력과 조선 정부의 무능함과 관리들의 부정부패와 고루한 풍습이 개혁의 필요성을 잘 말해 준다. 따라서 변통은 정치 사회적인 문제와 관계되는데, 시대의 흐름을 제도나 통치 행위가 따라가지 못할 때 이를 바꾸어 개혁하는 것을 말한다.

끝으로 최한기는 미래 지향적인 실천을 제안했다. 이는 열린 세계와 열린사회를 향한 소통의 문제다. 비록 고금의 경험은 다르지만 후대로 올수록 경험이 쌓여 세계인들이 교류하며 하나의 세상이 된다는 것을 예견하고 있다. 이런 주장은 세계 사람들에게 문호를 개방하여 교류해야 한다는 개국론의 이론적 근거가 된다.

이렇듯 제3장에서 최한기는 사회 제도와 문화 전반에 걸친 개혁과 그 실천 문제를 다루고 있는데, 우리가 무엇보다 눈여겨보아야 할 것은 바로 소통이란 문제일 것이다.

1. 참된 학문을 향해

추측을 가지고 여러 학문을 판단하다

중국의 전한과 후한 이후 학술이 여러 갈래였다. 도리의 실천을 탐구하는 학문을 도학(道學)이라 하고, 마음을 밝히는 것을 심학(心學)이라고 하며, 이치를 궁리하는 것을 이학(理學)이라고 말하여, 드디어 문호를 이루어 제각기 전해 온 것을 지켰는데, 이들 대부분이 진리와 덕으로써 통일된 것도 아니고 천하에 보편적인 것도 아니었다.

그 학문의 이름을 추리하여 그 뜻을 판단해 보면, 세 학문 모두 취하는 것이 있고 또 취하지 않는 것도 있다. 대체로 중요한 책임을 자임하고 멀리 내다보는 사람은 어찌 늘 한 가지만 배우는 것이 있겠으며, 또 어찌 배우지 않는 것이 있겠는가?

학파가 생긴 이래로 학자들은 대부분 그 학문의 명칭에 집착하여 학문의 취향이 같은 것을 취하고 다른 것을 버리니, 마침내 그 실상이 하나로 일관됨을 모른다. 그 참된 뜻을 추측해 보면 이치를 궁리하는 이학과 마음을 밝히는 심학이 서로 발전시켜 마침내 진리를 실천하는 데 이를 수 있다. 이치를 궁리하는 것이 아니면 마음을 밝힐 방법이 없고, 마음을 밝히지 않으면 진리를 실천할 수 없다.

그러나 명칭이 이미 세 개이므로 사람들이 보고 듣는 것에 쉽게 현혹되니 그 뜻을 총괄하는 데 추측이 아니면 무엇으로 가능하겠는가?

일반적으로 추측을 스승으로 삼는 사람에게는 천하의 선이 나의 스승
이 되지 않음이 없고, 천하의 악이 나의 경계가 되지 않음이 없다.

[《추측록》권1, 〈학문이칭(學問異稱)〉]

✤ 여기서 말하는 도학·이학·심학은 모두 유학의 갈래다. 이학은
성리학으로서 중국 북송의 철학자들의 이론을 남송 때 주희(朱熹)가
완성한 학문으로 일명 주자학이라고 부른다. 심학은 역시 남송 때 육
구연이 단초를 열었으나 명나라 때 왕수인(王守仁)이 완성한 양명학
이다. 도학이란 성리학 내부에서 유학의 진리가 전해지는 계보, 즉
공자→맹자→주자를 거쳐, 조선에서는 정몽주→길재→김종직→
김굉필→조광조와 사림파로 이어지는 학맥을 중심으로 설명하는 관
점이다.

조선 시대에는 공식적으로 주자학과 그 정통의 도학만 허용하고,
심지어 같은 유학인 양명학조차도 이단으로 취급했다. 그 밖의 다른
종교와 학문은 외도라 하여 배척했다. 그런데 여기서 최한기는 양명
학이든 주자학이든 서로 보완적인 측면이 있음을 지적했다. 각 학파
들은 학문의 명칭에 사로잡혀 서로 취하고 취하지 않는 것이 있으나,
추측을 가지고 탐구해 보면 무엇이 옳고 그른지 알 수 있다는 내용
이다.

그렇다고 해서 최한기가 주자학이나 양명학이 모두 현실 문제에

절실히 필요하다고 말하려는 것은 아니었다. 결국 이런 학문도 자신의 학문 방법인 추측으로 검토해 보아야 한다는 뜻을 전하고 있다.

학문의 말류 비판

외도(外道)와 이단은 본래 헛된 것이므로 그 말류의 폐단은 그 이론을 점차 참된 것에 갖다 붙인다. 심학과 이학은 본래 참된 것이나 그 말류의 폐단은 점점 헛된 것으로 빠져 달려간다. 이렇게 헛된 것으로나 참된 것으로 가지 않고 오래가는 것은 떳떳한 도리니, 이것을 지키는 자가 얼마나 될까?

헛된 것에는 참된 것을 필요로 하고, 참된 것에는 헛된 것을 필요로 하는 것은 말류 세태의 모습이다. 외도와 이단의 폐단은 전해진 지 오래되었고 실제적인 효과가 없는 것으로 알려졌기 때문에, 마침내 세상을 다스리는 방법에 의지해 구차하게 끌어다 이치에 맞게 만든다.

심학과 이학의 폐단 가운데 수준이 낮은 자는 사물의 자잘한 것에만 힘쓰고, 수준이 높은 자는 현재 있는 법도를 넘어서려고 힘써 변화를 재촉하기를 그치지 않으니, 시종일관 떳떳한 가치를 지키는 자가 적다.

[《추측록》 권5, 〈제학류폐(諸學流弊)〉]

✤ 전통적으로 유교 사회에서의 외도는 유교가 아닌 불교나 노장

사상(도교)이었다. 조선 후기에는 천주교도 외도로 여겨졌다. 이단은 유학이면서 같은 학파가 아닌 것을 지칭한다.

최한기는 외도는 물론이고 성리학과 양명학까지도 말류의 폐단을 노출하여 떳떳한 가치를 보여 주고 있지 않음을 근거로 이들 학문을 비판하고 있다.

당시 조선 선비들이 주자학을 절대적인 것으로 보는 것과 대조적으로, 최한기는 주자학도 양명학과 함께 말류의 폐단을 노출시킬 수밖에 없는 보통의 학문으로 취급하고 있다.

사실 최한기 이전부터 실학자들을 통해 주자학은 서서히 수정되거나 비판되고 있으나 다수의 유학자들은 여전히 주자학을 확고히 신봉하고 있었다. 이는 주자학이 과거 시험의 중심이 되는 학문이기도 했지만, 강력한 윤리적인 이론을 제공하고 있었기 때문이다.

그런 이유로 유교적 윤리는 확고하게 지켜질 수는 있었지만 변화하는 세계에 대처하거나 민중의 지위와 경제생활의 향상에는 도움이 되지 못했다. 주자학을 신봉하는 양반 관료들은 전통적 신분 질서를 하늘의 이치로 보아 옹호하고 있었고, 농업 이외의 산업에는 가치를 두지 않았을 뿐만 아니라, 외국 특히 서양 여러 나라를 오랑캐로 보아 배척하여 문호를 개방하는 데 반대했기 때문이다.

이런 측면에서 최한기는 성리학의 폐단까지 거론하면서 자신의 논리를 펴고 있다. 이 글의 행간에서 읽을 수 있는 것은 참된 학문이란 떳떳한 것이며, 바로 이것이 최한기 자신이 주장하는 진정한 학문이라는 것이다.

자연과 인간을 구분하는 학문의 중요성

유행지리는 성리(性理)고 추측지리는 심리다. 성리는 참되고 진실하나 심리는 성실하기도 하고 거짓되기도 한다.

만약 성리와 심리를 하나의 이치로 본다면, 참된 것과 거짓된 것을 나눌 수 있는 근원이 없어진다. 만약 심리에서 마음과 이치가 둘이라고 한다면, 추측 밖에 별도의 마음이 있게 되어 추측이 마음과 이치를 함께 사용하는 때가 없어진다.

기질에서 자연을 잇는 것을 말하면 본성인데, 사람을 위주로 말하면 마음이다.

본성에는 성리가 있고 마음에는 심리가 있지만, 사람마다 제각기 다른 견해가 있어서 혹 성리가 있는 것은 알고 있으나 심리가 있는 것을 모르며, 혹 심리가 있는 것은 알고 있으나 성리가 있는 것을 모른다. 그래서 성리와 심리의 두 이름이 생겼다.

그러나 이치에 피차의 분별이 없으면, 참되거나 거짓된 추측지리가 참된 유행지리에 섞이고, 한결같은 자연법칙이 인간이 하는 일의 이치에 섞인다. 그래서 혼란스럽게 섞이는 병폐가 이 때문에 삐져나온다.

[《추측록》 권3, 〈심리본어성리(心理本於性理)〉]

✤ 여기서 성리는 성리학자들이 말하는 '성즉리(性卽理)' 곧 인간의 본성으로서의 이치를 말하는 것이 아니다. 최한기는 자연 사물의 법칙인 유행지리를 성리라고 했다. 이렇게 자연법칙을 성리라고 한 데에는 이전의 성리학의 전통보다는 서양의 선교사들이 자연법칙을 성리라고 부르는 데서 영향을 받았다. 심지어 아리스토텔레스를 성리지사(性理之師)로 부르는 책도 있다. 아리스토텔레스가 《자연학》에서 자연법칙에 관한 것을 다루었기 때문이다.

반면에 인간이 추측에 의해 추리하고 판단한 이치, 곧 추측지리를 심리라고 했다. 관념 또는 학설이나 윤리가 여기에 해당하는 말로서, 오늘날 심리학에서 말하는 심리가 아니다. 여기서 심리는 참된 것도 있고 거짓된 것도 있다. 왜냐하면 인간의 사유 작용이 사람마다 언제나 정확하고 엄밀한 것은 아니기 때문이다.

최한기가 이렇게 성리와 심리를 구분한 것은 자연적인 것과 인간적인 것을 구분하기 위해서였다. 이전의 학문들은 그 구분이 없었기 때문에 자연을 과학적 탐구 대상으로 보기보다는 인간의 윤리 도덕의 근거로 생각했기 때문에 참된 진리를 찾기 어려웠다고 보았다.

그런데 왜 이렇게 인간과 자연을 구분해 보는 것이 중요한가?

배경은 다르지만 동양과 서양 모두 자연과 인간을 구분할 필요가 있었다. 서양은 신학적 또는 신화적 자연에서 자연 그 자체로만 보게

됨으로써 과학적인 자연 탐구를 통해 근대의 문을 열었다.

동양의 경우는 인간의 윤리 도덕을 천리로 보아 자연법칙과 동일하게 생각했으나 최한기는 그 자연에서 인간적인 윤리를 제거하여 자연 그 자체로만 탐구하고자 했다. 그것이 참된 진리를 찾는 길이라고 생각했기 때문이다. 대신 인간의 윤리는 인간의 문제로서 다만 그 기준을 자연의 질서에 둘 것을 대전제로 삼았던 것이다.

주공과 공자의 정신

주공(周公)과 공자가 백세의 스승이 된 까닭은 그들의 존귀한 이름에 있지 않고, 또 옷차림이나 행동이나 뛰어난 풍채에 있지도 않다. 하물며 그 까닭이 또 그들이 지냈던 거처나 그들의 동작이나 의복이나 살았던 궁실이나 만난 시대에 있었겠는가?

진실로 기강을 세우고 윤리를 밝히고 몸을 닦고 나라를 다스리는 방도에 대하여, 고금을 참작하고 문물과 제도를 조절하며 도리를 밝히고 그 옳음을 바로잡아 후세 사람들을 가르쳐 자연과 인간이 떳떳하게 행하는 도리를 준수하게 하는 데 있었으니, 이것이 그들이 백세의 스승이 된 까닭이다. 그러니 후세에 주공과 공자를 본받는 자는 마땅히 그들이 참작하고 조절한 내용을 본받아야지 어찌 그 내용에 없는 것을 본받겠는가?

나라의 제도나 풍습은 고금에 따라 마땅함이 다르고, 역법과 사물의 이치는 후대에 올수록 더욱 밝아진 경우가 있음에도, 주공과 공자가 통달한 큰 도리를 본받고자 하는 자들은 장차 주공과 공자가 남긴 흔적이나 고집스럽게 지키면서 변통함이 없어서 되겠는가? 아니면 주공과 공자가 통달한 것을 취하고 본받아 따를 것은 따르고 바꿀 것은 바꾸어야 되겠는가? 후세 사람들은 주공과 공자와 같은 백세 스승의 성대한 덕과 커다란 업적을 밝혀야 한다.

그러나 실용에 도움이 된다면 비록 나무꾼의 말이라도 취해서 쓰고 후세 사람들이 한 말이라고 버리지 않는다. 만약 주공과 공자의 도리에 도움이 되지 않는다면 비록 재치 있거나 좋아 보이는 말이라도 취해 써서는 안 된다.

[〈기측체의서(氣測體義序)〉]

✤ 최한기는 고대 중국 서주(西周) 시기에 주나라의 문물을 완성시킨 주공과 춘추 시대 공자의 권위를 빌려와 자신의 주장을 강화하고 있다. 다시 말해 주공이나 공자의 실용적 정신을 본받아야 한다고 주장한다.

물론 여기서 실용적이라는 말을 오해해서는 안 된다. 윤리나 철학을 배제하고 오로지 삶의 편리성만을 주장하는 그런 실용을 말하는 것이 아니다. 최한기가 말하는 공자나 주공의 실용 정신이란 윤리 도덕을 포함해 국가 제도나 문화 등에서 백성들의 생업에 도움이 된다면 그것을 받아들이는 자세를 뜻한다. 그러므로 학문도 이런 실용적인 것이어야 한다는 주장이다.

그런데 최한기는 여기서 더 나아가 이전의 학자들과 달리 주공과 공자를 맹목적으로 받들고 있지 않다. 그는 성인들이 말이나 행적을 고집스럽게 지킬 것이 아니라, 시대의 변화에 따라 그에 맞게 적용해야 한다고 주장하는데, 이것이 진정 주공이나 공자의 참뜻에 부합된다는 것이다.

역사학계에서 최한기를 조선 후기 실학자로 규정하는 이유가 바로 여기에 있다. 물론 이런 주장 때문만이 아니라 그에게는 실학적 주장에 걸맞는 저술도 많다.

최한기는 조선 후기의 주자학자들과는 달리 공자나 주공을 교조적으로 보지 않고, 자신의 학문을 보강하기 위해 그들의 권위를 빌려 자신의 주장을 펼쳤는데 이는 새로운 학문을 위한 하나의 방법이기도 했다. 기독교 신학자가 자신의 이론을 강화시키기 위해 예수의 원래 입장을 밝히기도 하고, 조선 후기 정약용이 근본 유교로 돌아가자고 한 것도 다 이 같은 맥락이라고 볼 수 있다.

서양 종교

서쪽 나라의 종교는 불교가 변하여 이슬람교가 되었고, 유럽에서는 아랍의 회회력(回回曆)을 깊이 연구하고 스스로 교리를 세워 예수를 교주로 받들어 이슬람교와 구별했다.

그러나 이른바 삼위일체(三位一體)설과 영적인 존재가 하늘에서 내려오고 기적이 일어난다는 설은 도리어 불교보다 심하니, 이것이 이슬람교가 서양 종교로 잘못 변한 것이다.

몸을 닦는 것이 하늘을 섬기는 길이니 더 숭상할 것이 없다. 하필이면 일주일에 한 번씩 예배를 드려 도리어 너저분하고 번거로운 것을 일삼겠는가? 마음의 이치를 탐구하여 밝혀 기(氣)의 작용에 통달하면 그것으로 충분한데, 하필이면 영혼과 기적 같은 설을 거론하여 사람들을 놀라게 한단 말인가?

서양 여러 나라에서 재주와 지혜 있는 사람들이 대를 이어 나와 문명이 점차 밝아진 것을 생각해 보면, 마침내 보편타당한 진리를 얻는 자들이 나올 것이다. 그리하여 그들이 십자가와 소상(塑像)과 영혼과 기적설로서 예배를 보는 것 등에 대해서 처음에는 종신토록 참여하지 않다가 금지하는 데 이를지 모르겠다.

《추측록》 권5, 〈서교연혁(西敎沿革)〉

✦ 최한기뿐만 아니라 전통적 유학자들은 요즘 우리가 말하는 종교도 학문으로 취급했다. 그래서 서양 종교가 처음 들어왔을 때 서학(西學), 즉 서양의 학문으로 이해했다.

그런데 우리는 불교가 변해 이슬람교가 되고 이슬람교가 변해 기독교가 되었다는 말에 선뜻 납득이 가지 않는다. 그러나 이는 근접 지역이기 때문에 불교와 이슬람교 사이에는 모종의 영향이 있었다고 오해한 것으로 보인다. 물론 현대의 종교학자 가운데에는 불교와 기독교의 유사성에 크게 주목하기도 하므로, 결국 이 세 종교가 크게 관련되어 있을 가능성도 배제할 수는 없다.

최한기는 서양 종교도 기본적으로 불교의 아류로 보았다. 왜냐하면 알 수 없고 경험할 수 없는 내세나 신을 말하기 때문이다. 더구나 천당과 지옥에 대한 설은 모든 유학자들이 전통적으로 외도로 배척해 오던 내용이었다. 물론 그것이 불교의 본질은 아니지만, 비판자들은 언제나 그런 점에 주목했다. 최한기 역시 이런 점을 비판하면서 서양 세계에도 합리적인 사람들이 있기 때문에 기독교가 점점 힘을 잃을 것으로 전망함으로써 인간의 이성을 신뢰한다는 견해를 밝히고 있다.

2. 자연과 인간의 관계

인간의 하늘을 따르다

대개 인간과 만물을 논할 때 그 천리(天理)를 가리켜 모두 하늘이라고 말할 수 있다. 인간의 하늘이란 인간에게 있는 천리요, 만물의 하늘이란 만물에 있는 천리다. 천리를 거스르면 인욕이요, 천리에 해를 끼치면 사욕이다. 순순히 천리를 이루면 도리와 덕이 된다.

인간에게 있는 천리를 내가 홀로 거스르면 그것이 인욕이고 내가 그것을 해치면 그것이 사욕이다. 때문에 인간의 하늘에 어김이 없으면 인욕이 될 수 없고, 인간의 하늘에 해를 끼치지 않으면 사욕이라 말할 수 없다.

혹 누가 말하기를 "인욕을 제거하면 천리가 보존되고, 천리를 보존하면 인욕이 제거된다."라고 하고, 또 "인욕이 천리를 따른다."라고 하니, 이것을 읽는 자는 이 말만 가지고 원뜻을 해치지 말아야 한다. 천리와 인욕이 독립해 따로따로 존재하는 것이 아니니, 천리를 따르지 않는 것이 인욕이고, 인욕이 다시 천리를 따르면 인욕이라 부르지 않는다.

[《추측록》 권2, 〈인천물천(人天物天)〉]

✤ 전통적으로 성리학에서 말하는 천리는 유교적 윤리를 말한다. 인욕은 먹고 입고 잠자고 짝짓고 소유하고자 하는 등의 인간의 자연적 욕구를 말하고, 사욕은 개인의 사적인 욕망이다. 성리학에서는 인욕 자체가 나쁜 것은 아니지만 그것 때문에 불선(不善)으로 흐를 수 있기 때문에 제거해야 한다고 주장했다. 그래서 "인욕을 제거하면 천리가 보존되고, 천리를 보존하면 인욕이 제거된다."라고 말한다.

따라서 성리학은 자연스럽게 인간의 자연적 본성을 억제 또는 억

압함으로써 사회 질서를 유지하고자 하는 이론이 되었다.

그러나 최한기에게 천리는 윤리적인 것이 아니라 자연법칙일 뿐이다. 그것은 인간에게는 자연적 본성으로 곧 '인간의 하늘'이다. 성리학에서 인욕이라 여겼던 것이 최한기에게는 오히려 천리가 된 셈이다.

그러므로 그 자연적 본성을 거스르거나 해를 끼치는 것이 이른바 나쁘게 말하는 인욕이요 사욕이라 보았다. 이 점은 확실히 그가 인간의 본성을 따르면 선이고 어기면 악이라고 앞에서 말한 것과 같은 맥락이다.

이처럼 최한기의 주장에서나 성리학에서 모두 천리를 따라야 한다고 했지만, 그 천리의 내용이 하나는 자연적 원리고 하나는 인간의 윤리로서 나아가는 방향은 서로 달랐다. 결국 두 학문의 차이는 인간의 자연적 욕구를 억제하느냐 긍정하느냐의 문제임을 알 수 있다.

인간의 일은 자연의 질서를 따라야 한다

천도(天道)는 인사(人事)를 위해 변하거나 바꾼 적이 없다. 인사는 다만 천도를 받들어 시작하고 끝나는 것이다. 그러므로 천도를 인사로 삼으면 옳지만 인사를 천도로 삼으면 옳지 않다.

천도를 받들어 인사를 고치는 데는 저절로 어긋나지 않는 기준이 있고, 또 시세에 따른 변통이 있다. 만약 먼저 인사를 가지고 천도를 끌어다 따지는 경우는 저절로 천착(억지로 이치에 닿지 않은 말을 함)하는 것이 많고 스스로 옳다고 여기는 폐단을 면하기 어렵다.

[《추측록》 권6, 〈이인사승천도(以人事承天道)〉]

✛ 천도는 자연의 질서를 말하고 인사는 인간의 일을 말한다. 자연의 질서는 사실 인간의 일과 무관하며, 인간은 다만 자연의 질서를 존중해야 하므로 인간의 일을 자연에 맞추어야지, 인간의 일이 자연의 질서라고 우기면 안 된다는 말이다.

이러한 최한기의 설명은 사실 당시 학문이나 풍습을 간접적으로 비판하고 있다. 우선 학문적으로 인간의 윤리나 도덕, 다시 말해 전통 사회의 지배 이념이 영원불변한 천리라는 주장에 대한 비판이다. 자연은 자연 그 자체의 질서에 의해 움직이는 것이지 인간적인 윤리나 도덕과 관련이 없다는 것이다.

또 하나의 비판은 민간 풍습에서 나온 온갖 미신으로 날을 잡고 행사를 벌이지만, 자연은 인간적인 길흉이나 화복과는 무관하다는 것이다.

따라서 노자나 순자처럼 자연을 있는 그대로 바라보자는 관점이 드러난다. 이 또한 자연을 미신적·주술적인 것과 신과 관계된 신화적 대상으로 보는 것에서 벗어난 서구인들의 자연관과 맥락을 같이 한다.

자연도 경전(經典)이다

자연에는 커다란 덕이 있으나 말이 없어서, 운행하는 일을 경전(經
典)으로 삼는다. 인간에게는 성인의 덕이 있어 말로 나타내었으니, 윤
리 강상(사람이 지켜야 할 도리)을 경전으로 삼는다. 그 말이 없는 자연을
잘 형용한 것이 천도(天道)다. 물리를 인간에게 알맞게 잘라 낸 것이 인
도(人道)다.

자연과 인간이 함께하는 경전은 바뀔 수 없는 만고불변의 경전
이다. 그러나 때와 풍속에 맞춰서 선을 권하고 악을 징계하며, 일의
상황에 맞춰서 분별하는 것 등은 변화에 따른 경전이다.

후세에 경전을 읽은 사람은 말이 없는 자연의 경전을 추리하여 말
로 나타낸 인간의 경전을 판단하고, 평상시의 경전을 추리하여 변화
에 따른 경전을 판단해야, 사람마다 얻은 것의 다름과 고금의 마땅함
이 다른 것을 알 수 있다.

성인의 경전도 자연의 경전 가운데에서 뽑아 책을 이룬 것이니, 만
약 이 가운데 참고할 것이 없다면, 완전한 자연의 경전에서 고증해야
한다. 농부가 자연의 경전을 잘 읽으면 좋은 농부가 될 것이고, 장인
이 자연의 경전을 잘 체득하면 우수한 장인이 될 것이다.

그러므로 다 같은 유학자라 하더라도 자연의 경전에서 안 것이 있
는 자라야 성인이 쓴 경전을 체득할 수 있다.

[《추측록》 권6, 〈성경본어천경(聖經本於天經)〉]

✤ 동양 문화에서 경전은 일반적으로 공자와 같은 성인이 쓴 것으로 만고불변의 진리로 여겨져 왔으나, 최한기는 이보다 한 차원 높은 가치를 지닌 "자연의 경전"이 있다고 말하고 있다. 따라서 성인이 쓴 경전도 그 근원이 자연의 경전에서 온 것이라고 보고 자연 탐구의 중요성을 강조하고 있다.

자연과 인간의 일치

윤리 도덕과 일상생활은 인간의 일이고, 봄에 만물이 생겨나고 여름에 만물이 성장하고 가을에 열매와 곡식을 거두어들이며 겨울에 이 모든 생장 과정을 감추는 것은 자연의 이치다. 본성을 따르는 입장에서 말하면 인간의 일이 곧 자연의 이치고, 따르지 않는 입장에서 말한다면 자연의 이치와 인간의 일은 서로 떨어져 막혀 있다. 설령 추측한 것이 있더라도 필시 추리한 것이 바르지 않을 뿐더러 판단한 것도 다만 사사로울 것이다.

자연의 이치를 따라 인간의 일이 생긴다면, 인간의 일은 자연 이치의 운용이다. 자연의 이치를 추리하는 대상으로 삼고, 인간의 일을 판단하는 대상으로 삼는다면, 그것은 본성을 따르는 사람의 일이다.

그러나 오로지 자기의 욕심을 제멋대로 부려 자연의 이치가 있는 줄 모르거나, 혹 자연의 이치가 있는 줄 알아도 자기의 사욕을 이기지 못하면, 이미 추리한 것을 잃어버려 판단하는 것도 그릇된다. 그래서 자기와 비슷한 부류를 추리하고 판단하여 도리어 마땅하게 추측한 자를 비방한다. [《추측록》 권6, 〈천인격질(天人隔窒)〉]

✤ 인간의 일과 자연의 이치는 서로 다른 영역의 일이다. 특히 윤리 도덕 같은 일은 자연에는 없기 때문에 도덕과 자연 과학은 서로 다른 탐구 주제를 갖는다.

그러나 인간이 자연과 동떨어져 있는 것은 아니다. 인간 자신은 자연의 일부고 또 자연을 의지하며 그 속에서 살아가기 때문이다. 따라서 인간의 삶을 자연에서 분리해 낼 수 없으니, 여기서 자연과 인간의 관계가 문제된다.

인간이 자연의 원리를 잘 따르며 산다면 이때의 인간의 일은 자연법칙의 운용이다. 다시 말하면 자연과 인간이 일치된 삶으로 최한기가 생각하는 가장 이상적인 삶이다.

그렇다면 도대체 자연적 이치, 또는 자연적 본성을 잘 따르는 삶이란 어떤 것일까?

자연에는 분명 도덕적 원리가 없다. 사실 이 문제는 최한기의 후기 저작에서도 일관되게 주장되는 문제였다. 자연을 따른다는 것은 자연법칙을 알고 유용하게 잘 이용하는 것, 자연의 질서에 잘 순응하는 것, 자연적 원리를 인간이 잘 본받아 살아가는 것으로 요약할 수 있다. 그렇게 하면 인간에게 이롭고 좋기 때문인데, 이 논리는 《주역》에서 나온 것으로 동양 사상의 전통적 논리기도 하다.

이것을 뒤집어 말하면 왜 우리가 자연을 파괴하면 안 되고 자연 질서를 따라야 하는지에 대한 현대적 물음의 답을 찾을 수 있다. 인간은 사회적 존재지만 자연을 벗어나 살 수 없는 것은 자연이 인간과 만물의 고향이자 어머니기 때문이다. 인간이 자연을 이용하고 때로는 약탈하면서 독자적으로 살고 있지만, 궁극적으로 자연의 원리를 무시하고는 살 수 없다.

바로 이런 점에서 비록 최한기가 인간의 사회생활이라는 독자적인 영역을 인정하고 거기에 따른 도덕적 판단을 존중하지만, 궁극적으로 인간과 자연의 관계에서 따져볼 때 인간은 자연의 질서를 따라야 한다고 주장하고 있는 것이다.

3. 변통

변통이 중요하다

이 이목구비와 손발과 여러 촉각을 버리면 어찌 한 터럭만큼의 얻을 수 있는 이치와 증험할 수 있는 일이 있겠는가?

비록 이 여러 감각 기관이 있더라도, 만약 기억하고 단서를 찾고 경험하는 신기가 없다면, 평생 동안 자주 듣고 자주 보는 사물은 모두 항상 처음 보거나 처음 듣는 사물일 것이다.

또 비록 여러 감각 기관이 있고 기억하고 단서를 찾는 신기가 있더라도, 만약 물건과 나를 참작하되 기회를 맞아 변통(變通)하는 것이 없다면, 옛것에만 빠졌다는 지탄과 융통성이 없다는 조롱을 어떻게 면할 수 있겠는가?

[《신기통》 서]

✤ 어떤 대상인 사물을 인식하려면 인식하는 주체인 마음, 곧 신기가 있어야 하고 또 감각 기관이 있어야 한다는 점은 이미 앞 장에서 말한 바 있다. 또 인식의 대상이 되는 사물도 증험할 수 있는 것이어야 한다는 점도 아울러 밝혔다.

그런데 여기서 "변통하는 것이 없다면, 옛것에만 빠졌다는 지탄과 융통성이 없다는 조롱을 어떻게 면할 수 있겠는가?"라고 하여 변통의 중요성을 역설하고 있다. '옛것에만 빠졌다'라는 것은 상황이 바뀌었는데 잘못된 것을 고집스럽게 지키는 것을 말한다.

그렇다면 변통이란 무엇인가? 말 그대로 풀이하면 '바꾸어 통한다.'라는 뜻이니 일차적으로 잘못된 앎을 수정한다는 뜻이고, 다음으로 잘못된 폐단을 고치는 일을 말한다.

변통은 인간의 일이다

변통이란 인간의 일이다. 천도를 따라 잘 나아가는 자는 인간적인 변통에 힘쓸 필요가 없다. 또 현명하게 통달한 사람이 일을 잘 인도하고 이롭게 성취하는 경우에도 변통이 필요 없다. 따라서 시세를 잘 타고, 기회를 관찰하여 이롭게 인도하며, 막힌 것을 없애고 순조롭게 나아가게 하되, 덜어 내거나 보태고 나아가고 물러나며, 힘을 빌고 마음을 합하여 상황에 통달하고 마땅하게 조절하는 것이 모두 변통하는 일이다.

이미 이전에 한 일에 속한 것은 나의 변통의 권면(격려하여 힘쓰게 함)과 경계로 삼을 수 있고, 눈앞에 닥친 일은 마치 수레를 모는 말에 채찍을 가하여 바로 가게 하고, 바람에 따라 키를 돌리는 배처럼 이리저리 형세를 따라 변통한다.

앞으로 닥칠 미래의 일은 미리 일정한 위치에 머물러 작은 것에서 크게 하고 시작에서 끝을 신중하게 하면, 추후의 변통은 힘이 적게 드나 공은 많아진다.

[《신기통》 권3, 〈변통조목(變通條目)〉]

✤ 변통은 인간의 일과 관계가 된다. 자연은 그 자신의 질서에 따라 운행하기 때문에 변통이 필요 없다. "천지의 기는 운행을 그치지 않고 두루 돌아서 처음으로 되돌아간다."라는 말처럼, 네 계절이 순서에 따라 돌아가는 것을 바꾸거나 수정할 필요도 없고 바꿀 수도 없다. 네 계절이 바뀌거나 수정되면 오히려 재앙이 따를지도 모른다.

최한기는 변통이 인간의 일이지만 자연적 질서에 잘 순응하는 사람에게는 변통에 힘쓸 필요가 없다고 주장한다. 이런 주장은 농업과 같이 절대적으로 자연의 질서에 따라야 할 인간의 일에는 쉽게 적용된다. 가령 씨를 뿌리거나 물을 대거나 거름을 주는 것이 식물이 성장하는 자연적 조건에 맞지 않았다면, 지금까지 하던 방식을 바꾸어야 한다. 그럼 농업이 아닌 일의 경우에도 자연적 질서와 상관이 있는가?

오늘날 우리의 입장에서 한번 살펴보자. 농업 인구가 많지 않더라도 우리의 산업은 자연과 깊은 관계가 있다. 자연적 재앙으로 인해 큰 피해를 보기고 하고, 자연적 조건이나 날씨 변화 등을 잘 이용해 큰돈을 버는 사람들도 많다.

또 우리 인간의 몸 자체가 자연이기도 하다. 가령 우리가 건강하지 못할 때 그 원인을 찾아보면, 모두 우리 몸의 자연적 질서를 어겼을 때 생기는 경우가 많다. 쉬지 않고 무리하게 일하거나 몸에 맞지 않는 약물이나 음식을 먹거나 하는 것들이 모두 그러하다.

자연적 질서를 더 확장해 보면 당시 조선 사회에서 모든 백성들이 굶주리지 않고 잘 사는 게 자연적 질서에 부합되는 일이라고 할 수 있다. 그렇기 때문에 최한기는 조정의 정책이나 관료들의 업무, 그리고 사회 제도가 백성들의 자연적 요구에 응하지 못했을 때는 그 제도나 정책이 바뀌어야 하는 변통의 필요성을 강조한 것이다.

정치와 교육의 변통

정치와 교육의 변통은 남김없이 확 바꾸는 것이 아니라 그 통하지 않는 것을 바꾸어 통하게 하는 것을 말한다. 정치에는 선왕의 치적이 있고 교육에는 성인이 열어서 인도해 준 것이 있어서, 그것을 받들어 준수하고 시행할 때 만약 침해하는 단서와 가로막는 폐단이 없다면, 임금은 가만히 앉아서 무사히 일을 행하되, 어진 사람을 임용하고 능력 있는 자를 부려 맡은 바의 직무를 책임 있게 이루게 할 뿐이다.

그러나 정치가 차츰 오래되면 간사하고 교활한 무리들이 틈을 기다려 나타나, 선왕들이 남겨 준 가르침이 침범당하고 무너져, 그것을 어기고 뛰어넘는 침해가 쏟아져 나온다. 그래서 그것을 수시로 고쳐 밝히지 않을 수 없으니, 물리치고 올리고 권하고 징계하되 덕 있고 재능 있는 사람을 추천하거나 그에게 자리를 물려준다. 그러므로 정치는 교육을 통해 진흥될 수 있고 교육은 정치를 통해 시행될 수 있어서, 정치와 교육이 서로 소통하면 아름답고 밝은 것이 함께 진보한다.

마땅히 행해야 하나 시행하지 않는 옛 방법은 고쳐서 들어 올리고, 지금 시험하여 당장 시행해야 할 것은 새로 만들어서 드러낸다. 나라를 다스리고 세상을 평화롭게 하는 데 도움이 되는 것은 그 가르침을 열어 권장하고, 거기에 해가 되는 것은 그 가르침을 고쳐 부끄럽게 여기며 바로잡는다.

이때 옛것에 집착하거나 현재에 구애되지 말며, 자기 자신의 생각에 치우치거나 남의 의견에 편들지도 말고, 오직 자연과 인간에게 공통되는 바른 원리와 때에 맞는 마땅함을 정치와 교육을 변통하는 기준으로 삼는다. 그러면 취하고 버리는 데 무슨 거리낌과 결단의 어려움이 있겠으며, 권하고 경계하는 데 어떻게 인재 등용의 방법이 없음을 걱정하겠는가?

그러나 정치와 교육의 시행에는 옛것을 준수하지 않음이 없으므로, 그것을 따르거나 개혁하거나 고쳐 밝히는 것도 모두 옛것을 따라 새로운 것으로 이끈다. 이때 혹 경장(更張, 정치적·사회적으로 묵은 제도를 개혁하여 새롭게 함)하거나 창조하는 것이 있더라도 마땅히 옛것을 따라 차츰 만회해야 하니, 어찌 유독 바꾸는 것만 공이 되겠는가? 경장하거나 창조하는 것이 있더라도 마땅히 옛것을 따라 차츰 만회하면 충격의 근심이 거의 없을 것이다.   [《신기통》 권3, 〈정교연혁(政敎沿革)〉]

✢ 여기서 교육이란 오늘날의 학교 교육보다는 백성들을 교화(敎化)한다는 의미로 쓰이고 있다. 이렇게 본다면 교육과 정치는 긴밀한 관계에 놓여 있다고 볼 수 있는데 그 이유는 정치가의 정치 행위 자체가 백성들을 교화하는 교육적인 행위가 될 수도 있기 때문이다.

이 글에는 최한기가 말하는 정치와 교육에 대한 변통의 성격이 드러나는데, 혁명적 개혁이라기보다는 시대의 흐름에 맞지 않는 폐단을 흐름에 맞게 고치는 행위를 강조하고 있다. 경장이 필요하거나 창조적인 일이 필요해도, 결국 전통을 존중해서 그것을 바탕으로 변화를 이끌어 내야 하는데, 다만 무작정 옛것에 집착하거나 현재의 입장에만 매달리는 것을 최한기는 경계하고 있다.

이렇게 보면 최한기는 확실히 문화적인 보수주의자다. 그러나 옛것을 무조건 숭상하는 수구론자는 분명 아니다. 이것은 유학이라는 학문 자체가 옛 성현의 가르침에 근거하므로 최한기 역시 유학자의 모습에서 벗어나지 못하기 때문에 나타나는 성향인 듯하다.

따라서 봄·여름·가을·겨울이 질서 있게 바뀌는 자연처럼 인간 사회도 잘 굴러간다면 변통이 필요 없다고 보았으나 막히고 폐단이 생기면 변통을 해야 한다고 주장하고 있다. 하지만 혁명적 개혁은 오히려 혼란을 가중시킬 수 있으므로 점진적 개선이 필요하다는 것이 최한기가 말하는 변통의 참된 의미다.

4. 소통과 열린 세계

소통이 중요하다

남의 일을 잘 알지 못하는 사람은 반드시 자기의 일은 자랑하나 남의 일은 비방한다. 남의 가정의 일을 잘 모르는 사람은 반드시 자기 가정의 일은 찬양하나 남의 가정의 일은 헐뜯는다. 외국의 사정을 잘 모르는 사람은 반드시 자기 나라의 일은 드높이나 외국의 일은 비루하게 여기며 헐뜯는다. 또 외국의 종교나 교육에 대해 모르는 사람은 반드시 자기 나라의 종교나 교육은 높이나 외국의 종교나 교육은 배척한다.

소통이 안 되는 폐단에는 더욱 심한 것이 있다. 자기에게 가령 지나치고 모자라는 착오가 있어서 남이 그것을 말해 주면 반드시 말해 주는 사람을 성토한다. 남에게 비록 좋고 이로우며 중용(지나침과 모자람이 없이 상황에 적중한 상태나 태도)을 얻은 단서가 있더라도 그것을 취해 쓰는 사람에게 반드시 침 뱉고 욕한다. 이것은 편협하고 스스로 해치는 일이다. 이런 행위가 설령 한때 기세를 타거나 또 같은 무리로부터 약간의 비호를 받더라도 어찌 오래갈 수 있겠는가?

이러한 병폐를 고치려면 잘못된 습속을 제거하고 확 열린 공평한 마음으로 많이 듣고 많이 보아야 한다. 그리하여 남에게서 취하여 좋게 여기고, 나와 대상을 소통시켜 보편적인 원리를 얻어야 한다. 그래야 나와 남이 서로 참여하여 인도(人道)를 세우고, 남의 가정과 나의 가정이 서로 화합하여 좋은 풍속을 이루고, 크고 작고 가깝고 먼 나라들이 서로 그 마땅함을 지켜 예의와 사양이 넘친다.

또 윤리 도덕을 따라 법을 세우며 인정을 따라 가르침을 베풀되 법과 가르침이 새롭게 고쳐지고 밝아지면, 살아서 활동하는 것을 귀하게 여기고 죽어 썩는 것을 귀하게 여기지 않는다.

또 사물을 취하거나 버리는 기준은 이로운지 해로운지에 달려 있지, 너냐 나냐 하는 데 달려 있지 않다. 이것이 막힌 것의 변통을 위한 방법이다.

지금까지 사람 사이와 가정과 나라와 교육이라는 일을 가리켜 말했다. 비록 많거나 적고 크거나 작은 범위의 차이가 있지만 점차로 소통해 가면 그 실상은 하나다. [《신기통》 권3, 〈제거불통(除祛不通)〉]

✦ 소통이란 현대에서 중요한 일이다. 개인끼리, 가족 구성원끼리, 직장 구성원끼리, 그리고 사회나 국가의 구성원끼리 소통하는 것은 매우 중요하다. 이제 국가를 넘어서서 다른 나라와 소통하는 것도 필수적이다. 개인과 국가의 흥망성쇠가 소통에 달렸다고 해도 과언이 아니다.

특히 각 기관의 관리자나 국가 지도자들이 그 구성원들과 소통이 안 되면, 그 조직이나 사회나 국가는 필요 없는 경비와 힘을 낭비해서 발전의 대열에서 뒤쳐질 수밖에 없다. 이 얼마나 중요한 문제인가?

최한기는 이 점을 간파하고 있었던 것 같다. 소통하지 않으면 개인은 물론이요, 국가도 편협하고 발전이 없다는 점을 말하고 있다.

그는 소통을 위한 방법으로 우선 잘못된 습속을 고쳐 열린 마음으로 공평하게 많이 듣고 많이 보아야 한다고 보았다. 이 점은 조선 말기 세도 정권의 쇄국적이고 폐쇄적인 정치 운영과 학문의 고루한 모습, 그리고 우물 안 개구리와 같은 풍습을 가진 시대 상황과 맞물려 있다.

여기서 더 나아가 남의 장점을 배우고 서로 화합하며 다른 나라와 관계를 잘 맺을 것도 말하고 있다. 그는 다른 나라를 원문에서 '타국(他國)'이라고 말했는데, 이는 당시 조선이 교류하던 유일한 국가인 청나라만을 지칭한 것은 아니었을 것이다. 이 점에서 보면 이미 그는 머릿속으로 개국(開國)을 생각하고 있었고, 서양 여러 제국과 통상을 염두에 두었던 것으로 보인다. 이것은 개화 사상가보다 훨씬 앞선 생각으로 최한기의 근대 지향적 사고를 엿볼 수 있다.

번역의 필요성과 세계어

문자는 언어가 통하는 기호다. 각각의 나라에서 사용하는 글자의 형태가 다르고 서법(글씨를 쓰는 법)도 차이가 있어서, 왼쪽으로 쓰거나 오른쪽으로 쓰거나 아래로 내려쓰기도 한다. 또 왼쪽과 오른쪽과 아래로 내려쓰는 것을 섞어 쓰기도 하고 획수의 많고 적음도 있다. 그러므로 어찌 서법에 원래부터 정해진 불변하는 법이 있겠는가?

문자란 인간이 사물의 모양을 본뜨거나 둘 이상의 글자를 합하여 뜻을 만들어, 어떤 모양을 만들어 내서 서로 전하고 익힌 것인데, 글이 통하는 나라에서는 사용되고 글자가 같지 않은 나라에서는 사용되지 않는다.

그래서 번역이라는 방법이 있게 되었다. 번역한 내용이 흔들려 불안하거나 일의 중요한 부분이 착오를 일으키는 것은 모두 번역자의 능력 문제다. 예전에 세상이 서로 교류하지 않던 때에는 오히려 이것이 크게 흠이 되지는 않았고, 또 번역자의 능력도 소용이 없었다. 그러나 지금은 서양의 여러 커다란 땅과 통하지 않는 곳이 없다. 상선은 교역할 곳을 엿보아 두며 군함은 만약의 사태를 대비해 두고 있다.

그런데 문자가 통하지 않는 것은 마치 벙어리를 상대해서 각자 답답한 마음을 가슴에 품고 있는 것과 같은데 이는 서로 다투는 원인을 유발한다. 만약 문자를 서로 같게 한다면 서로 소통하는 것과 화해의 방법과 위로하고 인도하는 길이 남김 없이 모두 다 성취될 것이다. 문자가 서로 같을 경우, 서적에서 연구하여 해득하면 거의 피차간에 장애가 없어서, 그 형세는 장차 적은 것이 많은 것을 본받고 흩어진 것이 모인 것을 본받게 할 것이어서 서양의 여러 나라들은 중국의 문자를 같이 사용할 것이다. 음(音)은 비록 다르지만 글자의 뜻과 모양은 같으므로 통용될 수 있다.

또 영화(英華)·견화(堅華), 이 두 서원(書院)에서는 전문적으로 번역을 하므로, 서양의 나라들이 중국을 본받는 것은 쉬우나 중국으로 하여금 서양의 글로 바꾸게 하기는 어려울 것이다. 이는 저것이 이것보다 낫고 이것이 저것보다 낫다는 가치의 문제가 아니다. 다만 같은 문자를 통용하자는 뜻이 있을 뿐이다.

서양의 여러 나라들에도 혹 이러한 생각을 가진 사람이 없겠는가?
비록 한 해나 두 해에 걸쳐 이룰 수 있는 일은 아니지만, 장차 후세에
기대되는 일이다. [《신기통》 권3, 〈사해문자변통(四海文字變通)〉]

✢ "문자는 언어가 통하는 기호"라고 본 것과 글자에 어떤 절대적
인 기준이 없다는 주장은 최한기의 탁월한 견해다. 그리고 언어가 다
르기 때문에 번역의 필요성을 말했는데 이는 그가 앞을 내다보았다
고 할 수 있다.

더구나 문자를 같게 해야 한다는 주장은 오늘날 세계 공용어 사용
과 일치하는 생각이다. 사실 언어에는 말과 문자가 있지만, 말은 못
해도 문자로 소통하는 사람이 있고, 말은 통해도 문자가 소통되지 않
는 사람도 있으며, 둘 다 소통되는 사람도 있다.

그래서 최한기는 우선 문자라도 소통해야 한다는 주장을 펼쳤다.
이것은 이전 동아시아 사람들이 필담(筆談)이라는 형식을 빌어 서로
글자로서 통한 경우가 있었는데, 아마도 거기서 착안하여 그 대상을
서양인으로까지 확대한 것으로 보인다.

더구나 그는 한문으로 번역한 서양의 서적을 많이 구입해 읽었다.
그래서 그것을 모델로 하여 서양인들이 한문을 사용하는 것이 쉽다
고 여겨서 이 같은 주장을 하게 된 것으로 보인다.

최한기는 스코틀랜드 선교사 모리슨(Robert Morrison)이 말라카에 세운 영화 서원(Anglo-Chinese College)과 싱가포르의 견화 서원(American-Chinese College) 등, 서양 문헌을 번역하고 소개하는 시설을 소개하면서, 번역의 가능성과 사례를 제시하기도 한다.

서양에서 받아들여야 할 것들

해양에 선박이 두루 다니고 서적이 서로 번역되며 눈과 귀로 보고 들은 것이 전달되는데, 좋은 법제와 우수한 도구와 좋은 토산품 가운데 참으로 우리 것보다 나은 것이 있다면, 나라를 위한 방법으로서 진실로 받아들여 사용해야 한다.

그러나 풍속이나 예교(예법과 종교)에서는 저절로 마땅한 풍토와 일상의 습속이 있기 때문에, 설령 우리 것보다 나은 게 있더라도 받아들여 갑자기 변화시켜서는 안 된다. 하물며 어두운 것으로 밝은 것을 가리며, 진실되고 바른 것을 흔드는 신비하고 괴이한 것을 받아들이겠는가?

최종의 승리와 패배는 풍속과 예교에 달려 있는 것이 아니다. 오직 실용에 힘쓰는 자는 승리하고 빈껍데기 문물을 숭상하는 자는 패배하며, 남에게서 취하여 이롭게 만드는 자가 승리하고 남을 비방하며 고루한 것을 지키는 자가 패배한다.

서양의 여러 나라들은 정교한 기계와 이익을 남기는 무역으로 비로

소 천하를 두루 돌아다닐 수 있었다. 그래서 견문이 점차 확대되고 지식이 늘어나고 기술이 더욱 발달했으며, 하나의 재주를 이룬 자를 등용하여 높이고, 기이한 것을 발명한 사람이면 반드시 등용했으며, 서적을 인쇄하고 전파하여 사람들의 눈과 귀에 자랑하며 그들을 기쁘게 했다.

측량과 계산하는 학문, 수력과 화력을 이용한 방적기와 방직기, 목화씨를 제거하는 풍차 및 선박과 대포는 더욱 실용을 드러낸 것들이다. 어찌 이것이 모두 한 인간이나 한 가정에서 처음 발명한 것이겠는가? 반드시 여러 나라의 여러 사람들에게서 취해 그 쓰임을 발전시킨 것이다. 그래서 도리어 여러 나라 여러 사람들이 두려워하고 꺼리는 것은 진실로 여기에 있지, 예배를 보는 종교에 있지 않다.

그러므로 서양의 종교가 천하에 만연하는 것이 걱정되는 게 아니라 서양의 실용적인 것을 다 취하여 사용하지 않는 것이 걱정된다. 그리고 이보다 인재를 다 거두어 등용하지 않는 것이 진실로 걱정스럽다.

참으로 모든 방법을 다해 인재를 거두어 등용하면, 우리나라에 있는 것을 가지고서 서양에 기댈 것이 없게 된다. 그리하여 실제적인 기술을 취하여 쓰는 것이 철저하게 성실하고 절실하게 되어, 서양 사람들이 익힌 것이 모두 우리의 쓰임이 된다.

설령 우리가 서양을 따라잡지 못하는 부분이 있더라도, 우리가 주체고 서양이 객체가 되는 형세가 그 부족한 부분을 보상할 수 있으니, 우리나라를 진퇴시키거나 조종하는 것은 오직 우리에게 달려 있다.

[《추측록》 권6, 〈동서취사(東西取捨)〉]

❖ 최한기는 서양으로부터 실용적인 것을 받아들여야 한다고 강력히 주장하고 있다. 특히 그 가운데서 각종 생산 도구인 기계, 그리고 선박과 대포 등을 꼽았다. 그러나 종교나 풍습을 갑자기 받아들이는 데는 찬성하지 않았다. 그것은 그 나라마다 풍습과 풍토가 다르기 때문이다.

이런 입장을 일부 학자들은 동도서기(東道西器)론으로 보기도 한다. 곧 동양의 도덕이나 윤리는 그대로 두고, 서양의 기술이나 제도를 우리에게 접목시키는 이론이다. 얼핏 보면 당시 조선의 입장에서는 동도서기론이 맞는 것 같기도 하다.

그러나 그는 자연의 질서를 존중하는 선에서 윤리 도덕을 세워야 한다고 주장했지 동양의 전통적인 윤리를 세계 사람들에게 강요했다고 보기는 어렵다. 그는 오히려 각 나라의 풍습과 제도를 인정했고 그것을 존중하면서 인류의 보편적인 가치를 세우려고 노력했기 때문에, 그의 주장은 동도서기를 넘어선 이론이라고 보아야 한다.

또 여기서 최한기의 독특한 점은 진화론의 이론 가운데 '우수한 것

이 이기고 열등한 것이 진다.'라는 우승열패의 관점을 드러내고 있다
는 점이다. 물론 다윈의 진화론은 최한기의 이 저술보다 뒤늦게 나왔
지만, 최한기는 다윈 이전에 벌써 '실용에 힘쓴 자는 승리하고 그렇
지 못한 자는 패배한다.'라는 관점을 보여 준 것이다.

19세기 말 서양에서 사회 진화론이라고 하여 다윈의 진화론을 인
간 사회에 적용시켰는데, 이 이론은 '우수한 민족은 승리하고 열등한
민족은 패배한다.'라는 이론으로 발전되었다. 그리고 이는 제국주의
가 약소민족을 침략하는 논리로 사용되었다. 동양에서도 이 사상을
받아들여 일본은 침략의 논리로, 조선은 독립의 이론으로 삼았다. 여
기서 최한기는 진화론이 생기기 이전에 이런 관점을 드러냈으니 참
으로 놀라운 식견이라고 할 수 있다.

삼교 합일

쭉정이를 날려 버리고 곡식의 알맹이를 고르는 방법을 가지고, 여
러 가르침(종교) 가운데서 자연과 인간의 마땅한 도리에 절실한 것만
취하고, 헛되고 난잡하고 괴상하고 속이는 것을 제거하여 천하 만세
에 통용되는 가르침으로 삼는다. 차라리 가르침을 가지고 풍속을 교
화시킬지언정 풍속에 끌려 가르침이 변해서는 안 된다.

이것은 인간이 힘을 통해 강제로 시켜서 될 일은 아니다. 마땅히 어
길 수 없는 자연과 인간의 신기를 따라 범위를 정하고 조리를 밝혀 말

하면, 나는 단지 말로 할 뿐이나 실상은 자연과 인간이 저절로 행하는 만고의 불변하는 법도다.

유교 가운데서는 윤리와 인의(仁義)를 취하나 귀신이나 재앙 따위를 분별하고, 서양의 문물 가운데서는 역법과 기에 대한 학설을 취하나 괴이하고 속이는 화복(禍福)설을 버리고, 불교 가운데서는 허(虛)와 무(無)를 실제로 있는 유(有)로 바꾸면, 세 종교를 화합시켜 하나로 돌아가게 하되, 옛것을 따르면서 새것으로 바꾸면, 참으로 천하에 공통적으로 행할 수 있는 가르침이 될 것이다.

그 나머지 의복과 음식과 도구는 각각의 지역 형편에 따라 생겨나는 것이고, 언어와 예절은 그 나라의 제도와 문화니 하나로 통일할 수 없다.

[《신기통》 권1, 〈천하교법취천인이질정(天下敎法就天人而質正)〉]

✢ 이 글은 세계가 소통되어야 한다는 최한기의 최종 결론이다. 여기서 '가르침'이란 종교와 교화(敎化)를 포함한 내용이다.

이 글에는 전통적 종교와 학문, 서양 종교와 과학, 그리고 그 문물에 대한 최한기의 입장이 잘 정리되어 있다. 그의 기본적 입장은 합리적·과학적 태도다. 그렇기 때문에 자연과 인간을 일관하는 신기를 탐구하여 기준과 범위를 밝혀 법도를 세워야 한다고 주장한다. 그런 토대 위에 유교 가운데서는 윤리 도덕을 취하고 귀신이나 재앙 따위의 설을 버리며, 서양에서는 기독교라는 종교보다 문물과 과학을 취할 것을 주장한다. 그러면서 기독교의 천당과 내세 같은 신비적 요소를 제거해야 한다는 입장이다.

이와 같은 논리로 불교도 실제로 있는 세계를 대상으로 탐구할 것을 권하고 있으며 나머지 문제인 언어와 예절 및 의복과 음식, 도구 등은 각 지역과 나라의 문화나 풍토에 맡기도록 하자는 것이다.

이런 주장에 대해 현대의 기독교나 불교 신자들이 들으면 크게 화가 날 수도 있는 일이지만, 최한기의 의도는 종교도 합리적이고 이성적인 것이 되어야 한다는 데에 있다.

특히 기독교는 신에 의한 계시를 강조하지만 그것이 지나치면 맹목적인 신앙이 된다. 그래서 중세 말기 토마스 아퀴나스는 맹목적인 신앙보다 이성적 신앙이 되어야 한다고 하면서 새로운 신학 이론을 완성하기도 했다. 그것이 중국에 천주교와 과학을 전한 예수회 선교사들의 공식적 태도였다.

불교 또한 애당초 붓다가 창시할 때부터 세계에 대한 합리적인 이해를 전제로 하고 가르침을 세웠다. 다만 어느 종교나 비합리적이고 신비스런 요소는 처음에 입교하는 사람이나 수준 낮은 이들을 위해 방편적으로 도입하기도 한다. 그런 요소가 종교의 근본 진리를 이해하는 데 방해가 되지 않는다면, 최한기가 의도하는 세계 종교의 보편적 입장과 크게 다르지 않을 것이다.

이 글에 나타난 최한기의 입장은 특정 종교를 크게 배척하지 않으면서 보편적인 세계 종교를 지향하고 있다는 것이다. 또한 나라마다 서로 다른 각자의 문화도 존중하고 있음을 보여 주고 있다.

《기측체의》, 기 철학을 통해
서양 과학과 조화를 꿈꾸다

1. 최한기는 누구인가?

최한기(崔漢綺, 1803~1877)의 호는 혜강(惠岡) 또는 패동(浿東) 등이며, 개성 출신으로 조선 후기 철학자이자 실학자며 사상가다. 특히 기 철학을 계승하여 발전시켰다.

육당 최남선의 말에 의하면 최한기의 저술이 1000권이나 된다고 하는데, 지금까지 발굴된 것만 해도 매우 많다. 최한기는 1960년대 북한에서 먼저 연구되었으나, 1980년대 이전까지만 해도 우리에게 잘 알려지지 않은 인물이었다. 하지만 현재는 그에 대한 연구가 많이 진행되고 있다.

그는 1803년 개성에서 아버지 최치현(崔致鉉)과 어머니 청주 한씨 사이에서 독자로 태어났다. 그러나 태어난 지 얼마 되지 않아 곤양 군수를 지낸 재종숙 최광현(崔光鉉)의 양자로 입양되었는데 양부는 무과 시험으로 관직에 진출한 인물이었다. 두 집안 모두 개성에서 오랫동안 살았으며 증조부 이래로 무과 출신을 배출했다. 그러다가 서울로 이사를 오게 된다.

그는 반남 박씨와 혼인해 2남 5녀를 두었으며, 장남 병대(柄大)는 훗날 문과에 급제해 고종의 시종신이 되기도 한다. 그 덕분에 관리의 조상을 높이는 전통에 따라 그는 조정으로부터 첨지와 대사헌이라는 명예직 벼슬을 받게 된다.

최한기는 어렸을 때부터 책 읽기를 좋아했으며, 보기 드문 책을 보면 즐거워서 잠을 이루지 못했다고 한다. 또 13살 때에는 병든 어머니를 위해 《삼국지》를 우리말로 해석해 위로해 주었다고 한다.

최한기에게는 특별히 알려진 스승은 없으나, 전통 학문인 성리학의 기초를 개성의 학자인 김헌기(金憲基)와 외조부 한경리(韓敬履)로부터 배웠을 것이라고 추정한 연구는 있다. 김헌기는 김창협→이재→김원행→조유선이라는 노론의 학통을 이은 주자학자였다. 그래서 최한기는 23살 때 과거의 생원시에 합격할 정도로 성리학에 대한 이해가 깊었다.

그는 과거 시험인 생원시에 합격했지만 더 이상 벼슬길에 나아가지 않았으며, 1877년 죽을 때까지 평생 책만 읽고 글을 쓰면서 생활한다. 한때 풍양 조씨 정권 때 조정의 실력자 조인영이 벼슬을 제의해 왔지만 거절했고, 또 좌의정 홍석주의 제안도 거부했다고 한다.

그는 왜 이런 기회를 마다하고 벼슬길에 나아가지 않았을까? 여기에는 세 가지 이유가 있었을 것으로 추측된다.

하나는 그가 개성 출신이라는 데 있다. 개성은 고려의 수도였고, 고려의 뒤를 이은 조선은 줄곧 서북쪽 인사들을 중요한 직책에 등용하지 않았고, 등용했다 해도 기껏해야 무관(武官) 정도였기 때문이다. 최한기의 조상들이 무관 출신인 것도 그런 까닭에서다.

다음으로 그는 당색이 없었다. 당시는 외척을 등에 업은 노론이 득세했는데, 앞의 홍석주나 조인영도 최한기의 명망을 알고 끌어들이려고 했으나, 최한기는 그런 당파에 이름이 팔리는 것이 싫었을 것이다.

그리고 또 하나의 이유는 세도 정권의 매관매직 행위 때문이었다. 당시 조정의 실력자들은 벼슬자리를 돈을 받고 팔았는데 이와 같이 썩어 빠진 조정에서 벼슬할 마음이 없었을 것이다.

대신 그는 학문에 힘썼으며, 특히 중국에서 한문으로 번역된 서양 책을 다량으로 구입해 읽었기 때문에 웬만한 부자들도 지닐 수 없는 책도 소장했다고 한다. 그가 이같이 책을 많이 사서 읽는 바람에 만년에는 가난해졌다는 이야기도 전해진다.

그가 본 책에는 전통 학문 외에 서양의 자연 과학, 의학, 지리, 사회, 종교 등에 관한 책들이 포함되어 있다. 이렇게 남달리 서양에 관련된 책을 많이 읽었지만, 그는 서양 지식을 무조건 모방한 것이 아니라, 그 내용을 소화하고 전통 사상과 융화시켜 자신의 것으로 만들었다. 그가 완성한 기학이란 바로 이런 서양 과학의 이론을 받아들이고 전통 철학을 발전시킨 사상 체계라고 할 수 있다.

그는 자신의 학문에 대해 대단한 자부심을 가지고 있었는데, 그의 저작을 꼼꼼히 읽어 보면 행간에서 그것을 읽어 낼 수 있다. 보통 조선의 유교적 전통에서는 학통의 계보를 주공(周公)→공자→맹자→주자 등으로 맥을 이어 설명한다. 그런데 그의 저작을 살펴보면 주공과 공자만 칭송하고 더 이상 칭송하는 선비나 학자가 없으며, 주공과 공자조차도 실용 학문의 입장에서 자신의 이론을 뒷받침하는 근거로서만 높인다.

이것은 무엇을 말하는가? 바로 주공과 공자를 잇는 학문은 최한기 자신이라는 뜻이며, 새로운 학문의 패러다임을 공자 이후 자신이 세웠다는 자부심을 드러내고 있는 것이다. 자신의 학문이 과학적 입장에서 검증 가능하고 합리적이며 사실에 바탕을 두었기 때문에, 이런 자부심을 가지게 되었던 것으로 추정된다. 그러므로 자잘한 벼슬 따위가 그의 마음을 움직이게 만들 수는 없었을 것이다.

최한기의 친구로는 〈대동여지도〉를 만든 김정호(金精浩)와 《오주연

문장전산고》(조선 헌종 때 이규경이 우리나라와 중국을 비롯한 여러 나라의 고금의 사물을 1400여 항목에 걸쳐 고증하고 해설한 책)를 지은 이규경(李圭璟), 강화 유수를 지낸 정기원(鄭岐源) 정도가 알려져 있다.

특히 정기원은 신미양요 때 강화 진무사로 있으면서, 최한기에게 미군을 물리칠 계책에 대한 자문을 구하기도 했다고 한다. 그때 최한기는 너무 나이가 들어 직접 전장에 나아가지는 못했다. 다만 미군들이 배에 모래를 싣는다는 말을 듣고 그들이 곧 떠나갈 것이라고 말했는데, 과연 그의 말대로 얼마 후 미군들이 퇴각하고 만다. 그것은 식수가 떨어져 모래에 물을 걸러서 먹을 것이라는 그의 예견이 적중한 것이었다.

최한기의 학문을 이은 제자는 지금까지 알려져 있지 않으나, 그의 학문을 가장 잘 이해한 사람은 그의 아들 병대였고, 안석범(安錫範)이라는 문하생이 있는 것으로 알려져 있다.

현재 알려진 그의 저술만 해도 매우 많은데, 그는 1836년에 쓴 《추측록(推測錄)》과 《신기통(神氣通)》을 한데 묶어 《기측체의(氣測體義)》라는 이름으로 중국 북경에서 책을 출판하게 되는데 이는 조선 사람으로서 매우 이례적인 일이었다.

그리고 이어서 많은 저술을 남기면서, 1857년 자신의 철학적 견해를 가장 잘 드러내는 저술이라 할 수 있는 《기학(氣學)》을 완성한다. 《기학》은 《기측체의》의 중요 개념을 유지하면서도 그것의 내용을 더 발전시켜 새로운 개념으로 철학을 완성시켜 놓은 책이다.

그 밖에 주요 저술에는 《농정회요(農政會要)》(1834), 《육해법(陸海法)》(1834), 《의상리수(儀象理數)》(1839), 《습산진벌(習算津筏)》(1850), 《우주책(宇宙策)》(1857), 《지구전요(地球典要)》(1857), 《운화측험(運化測驗)》(1860), 《인정(人政)》(1860) 등이 있다.

2. 최한기는 어떤 시대에 살았나?

조선 후기 최한기가 살았던 시대는 정조의 갑작스런 서거 이후 노론 세력이 왕의 외척(안동 김씨, 풍양 조씨, 그리고 여흥 민씨)과 결탁하여 정권을 전횡하는 세도 정치 시기였다. 세도가들은 나랏일을 개인 가문의 일로 여기듯이 벼슬을 사고파는 매관매직을 일삼는다. 벼슬을 산 관리는 본전을 뽑고 더 출세하기 위해 백성들로부터 가혹한 착취를 했는데, 이것이 바로 삼정[三政, 전정(토지세)·군정(군역의 부과)·환곡(양곡 대여와 환수)]의 문란을 초래하게 된다. 전근대적인 신분 제도를 유지한 채 기득권을 가진 집권 세력과 관리들의 백성들에 대한 가혹한 수탈과 착취는 민중의 저항을 불러일으켰다. 그 가운데 일어난 커다란 사건이 1811년의 홍경래의 난과 1892년의 진주 농민 항쟁(진주 민란)이었다.

최한기의 주장 가운데 "백성이 소중하고 관리는 가볍다."라고 한 말이나 "선과 악은 백성에 의해 결정된다."라고 한 말도 이러한 세태를 반영해 당시의 집권 세력을 비판한 것이다. 그는 올바른 국정을 위해 《인정》이라는 책을 저술하여 인재를 발굴하고, 선발하고, 가르치고, 등용하는 절차와 방법을 자세히 밝히기도 했다.

한편 14·15세기부터 서양에서는 문예 부흥과 지리상의 발견을 통해 점차 전 세계로 그 세력을 확장하고 있었다. 서양인들은 19세기에 이르면 산업화에 성공하여 상품의 원료 공급과 판매를 위해 본격적으로 식민지를 개척했는데, 그 결과 남미나 아시아 등의 많은 나라들이 식민지로 전락했다. 식민지 국가는 종주국의 원료 공급지와 상품 시장으로 가혹한 착취를 당하게 된다.

이렇게 자국의 정치적·경제적인 지배권을 다른 민족이나 국가의 영토로 확대시키려는 국가의 정책을 제국주의라고 하는데 당시는 제국주의가 성행하여 19세기 말 20세기 초에 전성기를 이루게 된다.

18세기 무렵 아직 제국주의의 폐해를 실감하지 못한 조선의 실학자들은 서양에 대해 큰 경계심을 가졌다기보다는 오히려 서양의 학문에 관심을 가지고 있었다. 이런 관심은 실학자들보다 앞선 시기를 살았던 소현 세자(1612~1645)의 경우도 마찬가지였다. 그는 청나라에서 여러 서양 물건을 가지고 들어오기도 했고, 또 서학이라 하여 서양의 종교와 학문에 관심을 보이기도 했다.

실학자들의 경우 서학에 대해서 종교까지 받아들이자는 사람도 있었고, 반면에 과학만 받아들이자는 사람도 있었다. 또한 서학 자체를 금지시키자는 보수파도 있었다. 그 가운데 특히 최한기는 앞에서 살펴본 대로 서양 과학에 주로 깊은 관심을 갖고 있었으며, 그것을 소화해 자신의 철학으로 만들었고, 동시에 개국과 교류를 주장했다.

그러나 세도 정권과 그 이후 집권한 대원군 정권은 서양 문물의 도입에 관심이 없었고, 오히려 자신들의 정권을 강화하기 위해 천주교인들을 대대적으로 박해하고 탄압했다. 물론 정치적 반대파를 천주교인으로 몰아 처형하기도 했다. 그 후 이양선(異樣船)이 점차 우리나라 해안에 출몰하고, 청나라는 이미 서양 오랑캐들에게 항복했고 조선에도 머지않아 이들이 침략할 것이라는 흉흉한 소문이 나돌았다. 백성들은 더 이상 기댈 곳도 없고 의지할 곳도 없었다. 그런 시대적 배경에서 19세기 중기에는 최제우가 동학을 창시하고 교세를 넓혀 나갔다.

그러던 차에 천주교 탄압을 구실로 프랑스가 1866년 병인양요를 일으키고, 제너럴 셔먼 호 사건을 빌미로 미국은 1871년 신미양요를 일으킨다. 격분한 대원군 정권은 이들을 격퇴하고 자신감을 얻게 되자 척화비까지 세워 무조건 쇄국만을 주장하기에 이른다. 이에 정통적인 성리학자들도 힘을 보태 '사악한 오랑캐를 물리치고 바른 예법을 수호한다.'라는 위정척사(衛正斥邪)론을 내세우게 된다. 하지만 이런 주장은 제국주의 세력의 힘을 과소평가해서 나온 것이었다.

이렇게 조선의 집권층이 쇄국 정책을 펴고 서양의 제국주의를 가볍게 보는 것에 대해 최한기는 다음과 같이 비판했다.

해양에 선박이 두루 다니고 서적이 서로 번역되어 본 것과 들은 것이 전달됨에 따라 좋은 법제나 우수한 기구의 쓰임이나 양호한 토산품 등이 참으로 우리보다 나음이 있으면, 나라를 다스리는 도리를 위해 마땅히 취해 써야 한다.

최후의 승리와 패배는 풍속이나 예교(禮敎)에 있지 아니하니, 오직 실용에 힘쓰는 사람은 이기고, 빈껍데기뿐인 문물을 숭상하는 사람은 패하며, 남에게서 취하여 이익을 삼는 사람은 이기고, 남을 비방하며 고루한 것을 지키는 사람은 패한다.

그러므로 서양의 종교가 천하에 만연하는 것을 근심할 것이 아니라 서양의 실용적인 것을 다 취하여 쓰지 못하는 것이 바로 걱정할 점이다. 그러나 이것도 오히려 근심할 것이 못되고, 인재를 다 모아 등용하지 못하는 것이야말로 참으로 걱정해야 할 일이다.

참으로 모든 방법을 다해 인재를 거두어 등용하면, 우리나라에 있는 것을 가지고서 서양에 기댈 것이 없게 된다. 그리하여 실제적인 기술을 취하여 쓰는 것이 철저하게 성실하고 절실하게 되어, 서양에서 익힌 것이 모두 우리의 쓰임이 될 것이니, 혹시 우리가 서양을 따라잡지 못하는 부분이 있더라도, 우리가 주체고 서양이 객체가 되는 형세가 그 부족한 것을 보충할 수 있으니, 진퇴시키고 조종하는 것이 오직 우리에게 달려 있을 뿐이다.

당시 최한기의 이런 주장은 메아리 없는 외침에 불과했으나, 그로부터 불과 40여 년이 흐른 뒤 조정은 더 이상 쇄국을 할 수 없게 되었다. 1876년 일명 강화도 조약이라고 불리는 병자 수호 조약을 일본과 강제로 맺게 되었기 때문이다. 최한기는 그 조약이 체결된 다음 해에 생을 마감하게 된다.

흔히 우리 역사에서 19세기 초·중엽을 암흑기로 보려는 사람들이 있다. 분명 정치와 사회 상황을 그렇게 평가하는 데는 무리가 없어 보인다. 그러나 문화·학술·종교도 그런가?

최한기의 학문을 비롯하여 다산 정약용의 방대한 저술, 한치윤의 《해동역사》, 추사 김정희의 글씨와 금석학, 김정호의 〈대동여지도〉, 김병연(김삿갓)의 풍자시, 최제우에 의한 동학의 창시 등은 암흑기 속에서도 새로운 미래를 향한 씨앗이 싹트고 있었음을 보여 주고 있다.

다만 다수의 유생들은 여전히 전통 유학인 주자학을 고수하고 있었는데 이는 출세의 도구로서 과거 시험을 보거나 사회의 지배 이념으로서 이 학문이 필요했기 때문이다. 이렇게 주류 학문이 자주적으로 사회 발전에 기여하지 못했다는 점은 암흑기로 평가받는 데 일조를 한 셈이다.

이렇듯 사회와 역사 발전에 도움이 되지 못한 학문이나 사상은 언젠가는 외면당할 수밖에 없다는 점과 비록 현실에서 대우받지 못하더라도 지식인으로서의 책임이 참으로 중요하다는 것을 이 같은 시대적 흐름은 보여 주고 있는 것이다.

3. 최한기의 학문적 배경은 무엇인가?

최한기 철학은 어느 날 갑자기 등장한 것이 아니다. 어떤 철학이나 예술이든 그 등장 배경에는 전후의 영향 관계가 있고, 또 동시대의 다른 문화 내지 사조와 영향을 주고받으면서 형성된다. 그러므로 최한기의 학문을 이해하기 위해서는 먼저 기본적으로 알아야 하는 여러 학문 또는 학파가 있다.

최한기가 비판하면서 극복하고자 한 학문과 최한기 학문의 배경을 이룬 학문에는 동양 전통의 유교 사상과 의학 사상, 그리고 기(氣)론, 성리학과 양명학, 서학(西學), 그리고 실학 등이 있다. 특히 서학에는 서양 과학과 천주교가 포함된다. 그 가운데 몇 가지만 살펴보자.

최한기가 가장 일찍이 영향을 받은 것은 유교 사상과 성리학(性理學)이었다. 그 자신이 스승으로부터 직접 배운 것이 이 학문이었으며 과거 시험을 준비하려면 반드시 성리학을 배워야 했기 때문이다.

성리학은 중국 남송 때 주자(朱子)로 불리는 주희(朱熹, 1130~1200)가 완성한 학문이다. 주희는 북송 시대 선배 철학자들의 사상을 계승하여 성리학을 완성시켰는데, 그래서 성리학을 주자학이라고도 부르며 송학(宋學)이라고도 한다. 주자학은 고려 말 안향에 의해 우리나라에 전파된 이후 조선 시대에는 국가의 공식 학문으로 정착되었다.

특히 조선 후기에는 주자학 이외의 학문을 인정하지 않았고, 주자가 해석한 경전의 내용에 반하는 다른 해석을 내놓으면 사문난적이라 하여 배척당하거나 처단의 대상이 되었다.

성리학의 핵심 주장은 성즉리(性卽理), 즉 인간의 본성이 천리(天理)라는 것인데, 세상에 존재하는 모든 것을 리(理)와 기(氣)의 두 가지 근원을 가지고 설명한다. 쉽게 말해 정신적인 윤리나 도덕 같은 것은 리, 물질적인 것은 기로 보았으니 이원론적 세계관이다. 그러나 이 둘 가운데 가치를 따진다면 항상 리를 기보다 우위에 두었다.

여기서 인간은 기로 이루어진 기질에 가려서 본성인 리(천리)를 제대로 발현하지 못하므로, 막힌 기질의 병폐를 고쳐야 한다고 보고 그러기 위해서는 사물에 있는 리를 공부하여 내 마음속에 갖추어진 천리를 밝혀야 한다고 보았다. 그 천리란 인간으로서의 떳떳한 도리를 의미하며 오늘날 입장에서 보면 윤리 도덕적 가치를 말한다.

양명학(陽明學)은 명나라 중기 왕수인(王守仁, 1472~1528)이 주자학에 대한 회의에서 출발하여 만든 학문으로 그의 호를 따라 양명학이라 이름 붙였다. 그는 젊은 시절에는 주자의 주장대로 사물에서 도리를 찾으려고 노력했다. 한때 뜰에 있는 대나무를 가지고 리를 탐구했으나 끝내 찾지 못하고 주자학에 대해 회의를 가졌다.

그런데 그는 관리로서 당시 권세를 누렸던 환관 유근을 비판하다가 용장이란 곳으로 귀양을 가게 되었는데, 거기서 문득 깨달음을 얻었다고 한다. 그가 얻은 깨달음이란 '성인의 공부는 나의 본성을 깨닫는 것만으로도 족하다.'라는 것이었고 여기서 그는 "본성을 깨닫는 도덕적·정신적 능력"을 양지(良知)라고 불렀다. 학자들은 양명의 이 논리를 성리학에 대비시켜 심즉리(心卽理), 즉 "마음이 곧 이치"라고 보았다.

여기서 마음이란 보통의 마음이 아니라 인간의 본심 또는 양심(양지)을 말하는 것으로, 천리 또한 인간의 본심으로 인간의 마음과 분리되지 않으니, 그 본심을 일상생활에서 잘 발휘하면 된다고 보았다. 그는 또 지행합일을 강조하여 앎과 실천의 합일을 주장했다.

조선에서는 퇴계 이황이 양명학을 배척하는 글을 쓴 이후, 공식적으로 양명학을 인정하지 않고 이단으로 여겼다. 그러나 허균, 장유, 최명길과 정제두 같은 일부 유학자들은 양명학을 공부했고, 특히 정제두와 그의 문인들에 의해 하곡학파로 명맥을 이어 왔다.

최한기는 성리학을 통해 지적 성장을 했지만 그에 안주하지 않고

도리어 그것을 극복하려 했다. 하지만 그는 당시 주류였던 주자학을 드러내 놓고 비판하지 못하고, 다만 주자학에 대해서 간접적으로 비판했다. 그 논리의 핵심은 성리학에서 말하는 태극이나 리를 추측지리라고 보는 것이었다. 리는 인간 사유의 산물로서 관념일 뿐이지 순수한 자연법칙은 아니라고 보았던 것이다.

뿐만 아니라 그는 경험을 통하지 않고는 앎을 얻을 수 없다는 점을 근거로 양명학의 심즉리 또한 비판했다.

그러나 최한기에게는 성리학이나 양명학을 잇는 측면도 있었다. 그것은 인간의 현실적 삶을 중요시하고 종교에서 말하는 내세나 천당설이나 지옥설 따위를 믿지 않는다는 점이었다. 또한 철학을 리와 기를 가지고 설명한다든가, 양명학과 주자학의 개념을 자주 사용하고 있다는 점도 그런 측면이다.

또 그는 동양 전통의 기(氣)론을 이어받아, 기는 없어지는 것이 아니라 다만 모였다 흩어졌다 할 뿐이며, 인간과 사물은 기가 모이면 살고 흩어지면 죽는다고 보았다. 북송 때의 장재(張載)나 조선의 서경덕이 그런 대표적인 기 철학자며, 중국의 명·청 대에도 기 철학자들이 있었다.

그러나 최한기가 전통 기 철학자들과 다른 점은 더 이상 동양 전통의 기를 음양(陰陽)으로 설명하지 않고, 서양 과학을 자신의 철학 안에 받아들여 과학적으로 기를 설명하고 있다는 점이다. 한때 조선에서는 서양의 과학과 종교를 구분하지 않고 서학이라고 불렀는데 최한기는 서양 종교인 천주교는 믿지 않았지만, 서양의 과학 사상과 철학적 논리를 많이 받아들였던 것이다.

특히 그는 중국에 온 서양 선교사들이 썼거나 한문으로 번역한 서양의 여러 책들을 많이 읽었다. 그 가운데는 천문학, 의학, 기상학, 지리학, 물리학, 수학, 역학(力學) 등 다양한 과학 분야의 책들이 있었다. 그는 이런 책들을 구입하여 읽고, 자신의 의견을 덧붙이거나 수정하여 편찬하기도 했다. 그리고 이런 과학적 이론이나 지식은 그가 자신의 독창적인 철학을 세우는 데 밑받침이 되었다.

여기서 더 나아가 과학뿐만 아니라 철학 분야에서도 아리스토텔레스 철학을 받아들여 자신의 철학을 세우는 데 보강했다. 이것은 주로 《천주실의》에 수록된 토마스 아퀴나스의 신학을 매개로 이해된 아리스토텔레스 철학이었다.

최고 존재로서 비인격적인 기 또는 신기(神氣)를 주장한 것도, 실은 기독교의 인격신과 영혼 개념을 대신하는 그의 기 철학적 대안이었다. 또한 아리스토텔레스가 인간 영혼의 능력으로 강조한 사유 작용에 영향을 받아, 그것을 신기의 능력인 추측의 논리로 확립했다. 또 그가 리를 추론의 결과로 나온 관념, 그리고 사물의 법칙 이렇게 두 가지로 나누어 본 것도 아리스토텔레스의 간접적인 영향이라 할 수 있다.

이렇듯 최한기는 앞선 선배들의 기 철학을 계승했을 뿐만 아니라, 실학자들이 받아들인 서양의 과학을 더 깊이 있게 이해하고 자신의 철학에 녹여 냈다.

사실 최한기 이전의 여러 실학자들도 서학에 관심을 가지고 있었다. 이미 김석문(1658~1735, 숙종 시대의 학자)이나 홍대용, 정약용 등도 서양 과학을 받아들였다. 그러나 최한기는 이들보다 더 깊이 있게 파고들어 그 본질을 이해하고, 기존의 기에 대한 학설을 보강하는 자료로 삼았으며, 심지어 이전 실학자들이 배척하거나 관심을 두지 않았던 《천주실의》의 내용까지 섭렵하여, 자신의 철학을 세우는 데 참고했다.

또 박제가나 박지원 등 북학파들의 사상에서 더 나아가, 외국의 문물을 공부하고 외국과의 교류나 개국을 주장했으며, 개화사상의 선구자가 되었다. 그리고 그의 친구인 김정호나 이규경이 모두 실학자란 점에서 실학 정신이 그의 학문에 큰 영향을 미쳤음을 확인할 수 있다.

이렇듯 동서 학문의 두 줄기가 그의 학문에서 하나로 합쳐져 하나의 큰 강을 이루었으며 그의 학문은 조선 철학의 완성이라고 해도 과언이 아닐 것이다.

4. 《기측체의》란 어떤 책인가?

최한기는 그의 나이 34살이 되던 1836년에 《기측체의(氣測體義)》를 썼다.

이 책은 《신기통(神氣通)》(3권 2책)과 《추측록(推測錄)》(6권 3책)을 합쳐서 만든 책으로 총 9권 5책으로 이루어져 있다. 책 제목인 '기측체의(氣測體義)'에서 '신기통(神氣通)'과 '추측록(推測錄)' 속에 들어 있는 한자가 보인다. 바로 기(氣)와 측(測)이다. 그래서 이름을 지을 때 두 책에서 한 글자씩 따와서 이름을 붙인 것으로 이해된다.

그리고 최한기는 《기측체의》 서문에서 "기의 몸체를 논하여 《신기통》을 저술하고, 기의 작용을 밝혀 《추측록》을 지었다."라고 말하고 있어, 이 책이 기의 몸체와 작용에 대한 이야기를 담고 있음을 밝혔다.

그렇다면 이 두 책은 서로 어떤 관계가 있을까?

앞의 서문에서 보았듯이 《신기통》은 기의 몸체를 논했다고 했는데, 기의 몸체란 기의 본질이 무엇인지, 그 특성이 어떤 것인지를 말한다. 뒤에서 살펴보겠지만 《신기통》에서는 기가 어떤 것인지, 특히 인간 속에 있는 신기가 사물을 어떻게 경험하는지, 그 특성이 무엇인지 잘 나타나 있다. 그러므로 《신기통》은 만물의 근원이자 인식 주체로서의 신기의 의미와 경험을 다룬 책으로 어떻게 앎이 시작되느냐

하는 문제의식에서 출발하고 있다.

그리고 《추측록》은 기의 작용을 다루는데, '추측'이란 말 자체가 기의 작용이다. 물론 이 때의 기는 자연 속에 존재하는 기를 말하는 것이 아니다. 인간의 마음인 신기를 두고 한 말이다. 그러므로 인간의 사유 작용으로 기와 그 법칙을 추리하고 판단해 나간다.

《추측록》에도 기의 특성과 본질, 그리고 우주와 자연에 관한 사실들을 나열하고 있지만, 이것 또한 기를 추리하여 리를 판단한다는 대전제 위에 서술된 것이다. 그러므로 《추측록》은 추론을 통한 논리적 인식의 문제를 다룬 책으로 어떻게 생각하여 아느냐의 문제의식에서 출발하고 있다.

따라서 《기측체의》는 세계의 본질을 밝힌 존재론과 경험과 사유라는 인식론을 바탕으로 저술된 책이다.

이것을 주자가 주석하고 편집한 《대학장구》의 논리와 비교해 보자. 《기측체의》와 비교 대상으로 《대학장구》를 든 이유는 조선의 주자 성리학자들 대부분이 이 책의 논리를 따르고 있었고 이 논리를 따르지 않으면 이단으로 취급될 정도로 비중 있는 책이었기 때문이다.

《대학장구》는 송나라 때 《대학》에 주희가 주석을 달아 풀이한 책으로, 여기서도 인간에게 지적 능력이 있음을 인정한다. 그리고 만물에도 이치가 있다고 주장한다. 다만 인간이 사물의 이치를 다 연구하지 못해서 마음의 지적 능력이 완전하지 않다고 여겼다. 그래서 자신이 알고 있는 이치를 가지고 천하의 사물을 오랫동안 탐구하면 한순간에 내 마음이 밝아져 앎이 완전하게 된다고 했다.

외면적인 논리로만 보자면 최한기가 주장한 앎의 논리와 거의 유사하다. 그러나 실상 주자학은 그 기본 전제에서부터 다르다. 주자학에서는 본성이 곧 이치이므로 이미 우리 마음에 이치로서 앎이 갖추어져 있고, 다만 우리의 마음이 어두워서 그것을 알지 못한 채 있다고 여겼다. 따라서 바깥 사물의 이치를 탐구해 마음을 밝혀서 본래의 인간성을 회복한다는 논리를 폈다.

이 논리는 사물의 이치 자체가 목적이 아니라, 그 이치를 통해서 내 마음속에 있는 이치를 알아 가는 과정을 밟는다. 그리고 그 이치란 것도 따지고 보면 인의예지나 오륜과 같은 인간 사회의 윤리에 속하는 것들이다. 그래서 그 앎을 통해 선한 본래의 인간성을 회복하여 사회를 유교적 이상 사회로 만드는 것을 목표로 삼는다.

여기서 파생되는 문제는 자연 세계에서 탐구된 이치와 인간의 본성으로 주어진 이치를 다르게 보지 않는다는 점이다. 게다가 그 이치의 내용이 자연적인 것이 아니라 바로 인간적인 윤리 문제라는 데 있다. 이런 이유로 성리학은 과학으로 발전하지 못했다. 바로 이 점이 《기측체의》와 근본적 차이를 이룬다. 《기측체의》는 앎을 찾아 마음을 밝혀서 인간성을 회복하는 과정을 밟지 않는다. 반면에 경험을 통해 앎을 쌓고 그것을 추론하여 이론적 앎으로 나아간다. 더 나아가 그 이론적 앎을 검증하여 최종적으로 실천에 옮겨 세계가 서로 소통하며 함께 잘사는 것을 목표로 삼는다. 참다운 인간성이란 이미 주어진 것이 아니라 사회나 자연적 질서 속에서 인간 자신이 확립해 가는 문제라고 보았다.

이 과정을 살펴보면 최한기가 말한 이치는 자연적인 것과 인간적인 것이 구분된다. 다시 말해 자연법칙과 인간의 윤리를 다른 차원의 문제로 본 것이다. 이 점에서 최한기는 주자학이 자연법칙과 인간의 윤리를 구분하지 못한다고 비판한다. 최한기의 이런 태도는 과학적 방법과 맞닿아 있다.

이렇듯《기측체의》의 독창성은 무엇보다 인식론 차원에서 기존 학문의 입장을 비판하고 자신의 논리를 새롭게 세운 데 있다. 다시 말해 인간의 앎 자체에 대한 문제를 본격적으로 깊이 있게 제기했다는 점이다.

동양 철학에서는 기란 무엇인가, 또 기의 특성이 무엇인가에 대해 밝힌 철학자들은 있었지만 앎의 문제에 대해 깊이 있게 다룬 사람은 거의 없다고 해도 과언이 아니다. 특히 자연법칙과 인간의 관념을 구분했다는 것은 이 책의 백미라 하겠다.

현대적 입장에서 볼 때도 앎은 경험에서 출발하고, 인간의 사고 기능은 경험에서 촉발된다는 점은 이미 심리 과학자들이 밝힌 바다. 게다가 자연 세계에는 윤리나 도덕법칙이 없다는 점도 이미 많은 철학자들이 동의하고 있다. 이렇듯 《기측체의》의 논리는 현실적이고 실용적이다.

현실적이란 말을 "실제로 존재하는 것" 혹은 "실현 가능한 것"으로 이해한다면 본문에서 소개된 그의 논리 곧 경험, 사유, 증험 등은 이미 과학에서 사용되어 왔고, 그것이 우리의 삶에서 실현되고 있기 때문에 《기측체의》는 현실적인 논리를 다룬 책이라고 할 수 있다.

다음으로 실용적이란 말은 "실생활에 유용하다."라는 뜻인데 문제는 삶의 개선에 유용해야 한다는 점이다. 이미 그가 실학자들의 전통을 잇고 있기도 하지만, 사물이 갖고 있는 이치를 탐구한다는 과학적 입장에서 볼 때도 그의 논리는 실생활에 쓸모가 있다. 또한 그의 인식에 대한 논리뿐만 아니라 국제 교류나 소통에 대한 주장도 여전히 우리에게 절실히 요구되는 문제기도 하다.

《기측체의》는 과학 책도 기술 서적도 아닌 철학적 저술이지만, 그 속에는 이 세계에 대한 과학적 이해와 인식 방법, 그리고 열린 사고와 소통하는 삶의 태도가 녹아 있다. 바로 이런 점이 오늘을 살고 있는 우리가 이 책을 주목하는 이유기도 하다. 비록 이 책이 19세기 전반에 저술되었지만, 아직도 우리가 해결하지 못한 여러 문제들에 대한 나름대로의 답을 제시하고 있기 때문에 고전으로서 충분한 가치가 있다고 볼 수 있다.

그렇기 때문에 이 책은 자신의 삶이나 자신이 속한 사회의 문제를 합리적으로 해결하지 못하는 사람들에게, 더욱이 온갖 미신이나 편견에 사로잡혀 매사를 바람직하게 끝맺지 못하는 사람들에게 세상을 제대로 보고 올바르게 판단할 수 있는 안목을 제공하는 데 도움을 줄 것이다.

5. 최한기 철학의 특징

최한기 철학의 특징은 동양의 사상과 서양 과학의 결합이라는 측면이다. 좀 더 세밀하게 말한다면 기존의 동양 사상을 비판하기도 하고 계승하기도 하며 또 극복하고 있다는 것이다.

그 비판에 동원된 사상이나 영향을 준 것은 기 철학적 전통과 서구 선교사들이 전파한 과학적 사실, 아리스토텔레스 철학과 그의 자연학 등이다. 또한 그는 동양 전통의 기 철학적 관점을 가지고 서양의 신학적 관점을 수용하면서도 비판한다.

이렇게 볼 때 최한기는 동서의 어느 한쪽에 매몰되지 않고 독특한 자기만의 철학을 완성했다. 기존의 동양 철학에서 부족한 점을 서양 과학으로 보충하고, 서양의 불합리한 관점을 동양의 합리적인 것으로 채워 나갔다.

그렇다면 그의 철학은 각 분야별로 어떤 특징을 갖고 있는가?

우선 존재론적 측면에서 볼 때 그의 철학은 기일원론(氣一元論)이다. 그는 종래의 기 철학을 계승하여 이 세상에 존재하는 만물의 근원은 기라고 보았다. 이것은 마치 그리스 자연 철학에서 만물의 근원을 물이나 불 또는 수(數)로 보는 논리와 크게 다르지 않다. 존재의 근원이 기이므로 기는 없어지거나 새로 생기는 것이 아니다. 다만 모였다가 흩어졌다가 할 뿐이다. 기가 모이면 물건이 되고 흩어지면 자연 상태로 되돌아간다. 그것을 기의 취산(聚散)이라 부른다. 사물의 공통점과 차이점도 모두 기로 이루어진 물질의 상태나 상황에서 나온 것이다.

최한기의 주장과 기존의 기 철학과의 차이점은 더 이상 기를 음양이나 오행의 기로 보지 않는다는 점과 사물의 리(법칙이나 이치)를 유행지리와 추측지리로 구분했다는 점이다. 다시 말하면 리를 자연법칙과 인간의 관념으로 구별했다는 점이다. 따라서 그 어떤 형이상학적 존재나 신의 존재를 인정하지 않았다. 종래의 기 철학자들이 만물의 존재 근원으로서 기를 말하다가도, 윤리와 도덕의 근거를 말할 때는 어쩔 수 없이 형이상학적 근거를 끌어들이는 것과는 다르다.

다음으로 그의 철학적 특징은 과학적 인식 방법에 있다.

동양에서 앎의 문제는 실천의 문제와 함께 늘 중요하게 다뤄 왔다. 그러나 그 앎의 방법은 주자학이나 양명학의 앎의 방법을 크게 벗어나지 못했다. 다만 불교에서 인식의 문제를 매우 심도 있게 다루었을 뿐이다.

그런데 최한기에 이르러 인식의 문제는 철학의 근본으로서 중요한 문제가 되었다. 그는 먼저 앎이란 경험에서 출발한다고 하여 감각을 매우 중요시했다.

그러나 일반적으로 감각적인 경험만으로 사물에 대한 이론적 앎을 이끌어 낼 수는 없다. 그래서 그는 추측이라는 인간의 사유 능력을 제시해서 추론을 통한 논리적인 인식 방법을 동원한다. 사물의 이치는 날 때부터 갖추어진 것이 아니라 경험과 추론을 통해 형성된 관념이라는 것이다. 그러나 또 이런 추론에 의한 앎이 참된 것인지를 확증할 수 없기 때문에 이렇게 추론에 의해 얻어진 앎인 추측지리가 사물의 법칙인 유행지리에 부합되는지 증험(證驗)을 해야 한다고 주장한다.

증험한다는 것은 검증한다는 뜻이다. 최한기는 앎에 대한 검증 없이 진리라고 말해서는 안 된다며 검증의 방법으로 각각의 감각 기관으로 경험한 것을 비교하고, 더 나아가 다른 사람의 앎과 비교해 보는 방법, 그리고 사물에서 직접 실험해 보는 방법을 제시한다.

이렇게 해서 실제에 부합되면 그것이 곧 진리라고 보았다. 이러한 인식 방법은 오늘날 과학에서 탐구 방법으로 흔히 사용되고 있는 것이기도 하다. 곧 관찰과 가설 그리고 실험에 의한 검증의 방법이 그것이다. 여기서 감각 경험은 관찰에, 추론한 추측지리는 가설에, 그리고 증험은 검증에 대입할 수 있다.

이렇게 보면 그의 인식 방법은 현대 과학의 탐구 방법과 거의 일치하고 있는데, 당시 국제적으로 고립된 조선의 상황에서 열린 생각, 시대를 앞서 나간 생각이라고 할 수 있다.

끝으로 최한기 철학의 특징 가운데 하나는 인간과 자연의 구분이다. 동양에서도 일찍이 인간과 자연을 구분해서 자연의 길을 천도(天道)라 하고 인간의 길을 인도(人道)라 일컬었다.

그러나 인간 사회의 질서를 대표하는 윤리나 도덕의 근원을 말할 때에는 언제나 자연을 개입시켰다. 그것은 곧 원시 종교 이래로 하늘에 대한 권위를 인간 사회에 적용시키기 위해서였다. 다시 말해 인간 사회의 질서의 근거가 하늘에 있다는 관점이다.

주자학이나 양명학도 모두 천리(天理)를 중시하여 인간의 윤리 도덕이 모두 이 천리에 근거하고 있음을 말한다. 다만 두 학문 사이에는 그것을 인식하는 방법상의 차이만 있을 뿐이다. 그래서 윤리 도덕 면에서 실질적으로는 인간과 자연을 분리하지 않았다.

그러나 최한기는 인간에게 도덕과 윤리는 당연(當然)으로서 인도(人道)고 이것이 바로 추측지리며, 자연에는 유행지리인 자연법칙만 있다고 보아 인간의 도덕적 가치와 자연의 법칙을 철저히 구분했다. 이것은 마치 칸트가 자연을 대상으로 인식할 때는《순수이성비판》을 사용하고, 인간의 도덕과 윤리를 탐구할 때는《실천이성비판》을 사용하여, 자연적 존재와 인간의 도덕적 가치를 철저히 구분했던 것과 맥락을 같이한다.

그러므로 그는 더 이상 윤리·도덕적 근거를 위해 형이상학적 근거를 끌어오지 않는다. 그는 윤리나 도덕이 지역과 나라와 민족에 따라 상대적인 것이며, 모두 추론한 관념으로 인식한다. 동아시아 전통 사회에서 주장하는 인의예지(仁義禮智)도 그것이 비록 인간의 본성으로 긍정되더라도, 어디까지나 인간의 자연적 본성에 근거해서 추론된 추측지리라고 본 것이다.

이상에서 우리는 최한기 철학의 몇 가지 특징을 살펴보았다. 그런데 당시 조선의 정통 주자학자들은 좀처럼 다른 학문이나 종교를 인정하지 않았다. 주자학 이외의 것을 외도나 이단으로 배척했다. 심지어 같은 유학인 양명학조차도 이단으로 여겼을 뿐만 아니라, 같은 유학에서 주자와 다른 해석을 내놓아도 사문난적으로 몰아 처단하거나 배제시켰다.

반면 최한기는 학자로서 개방적 자세를 가지고 동양의 여러 사상을 이어받았을 뿐만 아니라, 주류 학계에서 서학으로 배척하던 서양의 학문까지도 수용하고 동서양의 학문을 종합하여 독창적인 철학을 탄생시켰다.

6. 최한기 철학은 오늘날 어떤 의미를 주는가?

앞에서 살펴본 최한기의 철학과 그 철학을 이끌어 낸 그의 개방적 학문 태도는 오늘날에도 몇 가지 의미 있는 문제 제기와 그 해결책을 보여 주고 있다. 그는 인간과 자연환경, 과학과 윤리, 전통과 현대, 통합 학문, 세계 여러 나라와의 소통과 통합 등 오늘날에도 여전히 의미가 있는 주제를 다루고 있다. 그것이 최한기가 현대에도 주목받게 된 이유다.

먼저 인간과 자연환경 문제에 대한 입장을 살펴보자. 인간과 자연은 하나이므로 모두 기가 만든 것이다. 그 기가 엉겨 형체를 이룬 것도 있지만, 형체를 이루지 않고 인간과 만물 속에 공통적으로 존재하고 있는 것도 있다. 그러므로 인간의 입장에서 보면 인간은 자연의 기를 의지해 살아가고 있고 잠시도 기와 떨어져 살 수 없다.

이렇듯 인간은 자연을 의지해 살아간다. 이런 최한기의 관점을 더 밀고 나가면 인간과 자연은 하나라는 유기체론에 도달한다. 이런 생각은 전기 저작에서도 보이지만 후기 저술에서는 더욱 적극적으로 전개된다. 심지어 기가 운동하고 변화하는 것을 인간이 따라야 한다고까지 주장한다. 다시 말하면 자연의 원리를 따라야 선(善)이라는 것이다.

여기서 선이라는 말은 일차적으로 '좋다'라는 뜻도 된다. 곧 사계절의 변화를 따르면 농사에 좋고, 자연을 훼손시키는 행위를 금지하거나 오염 물질을 배출하지 않으면 건강에 좋다는 뜻과 같으므로, 이와 같이 자연의 질서를 따르면 우리에게 이롭다는 뜻이다. 만약 이러한 자연의 질서를 따르지 않으면 그에 따른 재앙은 결국 인간에게 그대로 되돌아오므로, 자연의 원리를 따르면 좋다는 논리는 현대의 환경 문제와 관련해서도 여전히 유효하다.

이것과 연관되어 과학과 윤리의 문제로 넘어간다. 논리적으로 볼 때 과학과 윤리는 전혀 다른 분야다. 과학은 사실의 세계 곧 자연물의 인과 관계를 다룬다면, 윤리는 인간의 문제 곧 인간적인 도덕 가치와 당위성을 다룬다.

그래서 최한기 자신의 용어를 빌면 과학은 '자연(自然)'인 유행지리를 탐구하는 학문이고, 윤리는 '당연(當然)'인 추측지리를 탐구하는 학문이다. 이렇듯 과학과 윤리의 문제를 혼동하지 않고, 과학은 자연의 문제, 윤리는 인간의 문제임을 확인시킨다. 그런 점에서 현대 학문 세계에서도 과학자와 윤리학자는 서로 다른 주제를 다루는 것만큼이나 교류가 거의 없다.

그러나 비록 인간의 윤리와 상관없이 과학을 통해 자연을 탐구하고 이용할 수도 있겠지만, 결국 "자연을 따르는 것이 선"이라는 것은 인간이 자연과 관계할 때는 자연의 질서에 순응하는 것이 윤리적으로 볼 때 선이라는 점을 말하고 있다. 그러므로 과학이라 할지라도 결국 윤리 문제에서 자유로울 수 없음을 말해 준다.

오늘날 과학 기술의 남용으로 자연의 질서마저 무너지고, 각종 공사와 난개발로 인해 자연환경이 훼손되고 있는 모습을 보고 알 수 있듯이, 최한기의 이러한 논리는 여전히 유효하고 앞으로도 필요할 것이다.

다음으로 생각해 볼 것은 전통과 현대의 관계 문제다.

우리나라는 개화기 이후부터 서양의 문물을 거의 맹목적으로 받아들였고, 또 1960년대 이후 경제 개발을 통해 산업화를 이룩하기도 했다. 그러나 그 과정에서 우리는 잃은 것도 많고 얻은 것도 많았다.

비록 서양의 학문과 문물을 적극적으로 받아들여 세계가 부러워하는 나라로 발전시켰지만, 예부터 내려오는 전통 문화와 미풍양속 가운데 상실한 부분이 많다. 비록 물질적으로는 풍요로워졌지만 정신적으로는 황폐해져서 삶이 행복하지 못하다는 사람들이 늘어나고 있다. 더구나 자신이 누구인지 어떤 의미를 갖고 존재하는지조차 알지 못하고 사는 사람들도 많다.

이런 현실에 비추어 볼 때 최한기의 학문 태도는 옛것을 쓸모없다고 버리거나 서양 것을 무조건 추종하지도 않았다. 전통에서 필요한 것을 살리면서 서양의 좋은 점을 받아들였다. 그렇기에 그는 전통과 현대의 조화에 주목했다. 이렇듯 최한기가 제기한 문제는 아직도 우리에게는 유효하다.

또 하나 최한기가 우리에게 남긴 것은 통합 학문의 필요성이다.

통합 학문에 대해 선뜻 이해가 되지 않는다면, 통합 논술이라는 말을 생각해 보면 되겠다. 여러 교과의 내용을 통합해서 논술을 작성하듯, 학자들도 자신의 전공 분야에만 매달려 다른 분야와 교류 없이 학문을 연구할 것이 아니라, 타 학문에 관심을 가지거나 그 학문에 종사하는 학자들과 교류를 하고, 또 이러한 학문들을 일정한 분류 기준에 의해 통합해야 한다는 뜻이다.

왜 오늘날 통합 학문에 대한 필요성이 제기되고 있을까? 오늘날 학문의 분과는 지나치게 세분화되어 있어 자신이 전공하지 않는 분야에 대해서는 무지한 경우가 많다. 일이란 서로 협력해야 완전해지는 경우가 많다. 가령 심장 수술을 하는 경우, 내과 의사의 전문이라고 생각하기 쉬우나 내과 의사는 심장과 관련된 검토나 판단을 맡고, 해부를 하는 일은 외과 의사가 맡아서 하고, 마취를 하는 것은 마취 전문의가 맡아서 해야 한다. 이렇듯 많은 일들이 여러 전문가가 협력해서 해야 하는 일들이 많기 때문에 학자들은 통합 학문을 부르짖는다.

이런 점에서 최한기가 주장한 학문의 분류와 통합 학문에 대해서 귀를 기울일 필요가 있다. 비록 그의 주장이 도깨비방망이처럼 당장 우리 현실의 모든 문제에 대한 해결책을 제시하진 못하더라도 참고할 필요는 있다.

끝으로 최한기가 우리에게 던진 가장 긴요한 문제는 소통의 문제다.

소통의 문제가 중요한 이유는 바로 인간 사회에서 화합, 더 나아가 인간과 자연의 화합을 위한 일이기 때문이다.

현대 한국인들은 한두 사람만 모이면 소통이 안 된다고 아우성이다. 세대 간 소통이 안 되고, 지역에 따라 소통이 안 되고, 정치적 견해와 지지 정당에 따라 소통이 안 되며, 자신들이 믿는 종교에 따라 소통이 안 될 뿐더러, 심지어 남북 문제에 대한 견해에서도 소통이 안 된다고 말한다. 하지만 온 세계가 하나로 통하는 글로벌 시대에 소통은 그 어느 때보다 중요한 문제다.

일반적으로 소통이 안 되는 원인은 편견과 오해, 그리고 자신의 이익 때문이며, 편견과 오해의 원인은 대부분 상대편에 대한 무지와 자신의 고집 때문이다. 그럼 우리는 이러한 문제를 어떻게 해결할 수 있을까?

그에 대한 해답을 찾기란 쉽지 않다. 결국 최한기가 말한 통(경험)과 추측(사유) 및 증험(검증)의 방법을 사용하지 않고는 상대(대상)를 제대로 이해하기가 쉽지 않다. 교육과 학문을 통한 끊임없는 노력 없이는 나와 남을 제대로 인식하기는 어려울 것이다.

그러므로 우리는 자연에 대해 과학적으로 이해하고, 인간의 역사와 문화 등을 종합적으로 이해하는 교양 내지 철학을 공부해야 타인과의 소통이 가능할 것이다. 상대에 대해 알지 못한 채 진정한 소통은 있을 수 없기 때문이다. 바로 이 점 또한 최한기가 《기측체의》를 통해 현대를 살아가는 우리에게 제시한 삶의 지혜일 것이다.

혜강 최한기 연보

1803년(1세) 개성에서 생부 최치현과 생모 청주 한씨의 독자로 태어났다. 강
보에 싸인 채 큰집 재종숙의 최광현의 양자로 들어갔다.

181?년(미상) 3년 연상인 반남 박씨 박종혁(朴宗爀)의 딸과 혼인했다.

1834년(32세) 생원시(生員試)에 합격했다.
《육해법(陸海法)》(상하) 1책을 엮고 《농정회요(農政會要)》 10책을
펴냈다. 김정호와 협력하여 《만국경위지구도(萬國經緯地球圖)》를
판각하고, 김정호의 〈청구도(靑丘圖)〉의 서문을 지었다.

1835년(33세) 《소모(素謨)》를 지었다.

1836년(34세) 2월(이하 모두 음력) 《추측록》 6권 3책, 5월 《신기통》 3권 2책 및
《강관론(講官論)》 4권 1책을 지었다. 10월 《추측록》과 《신기통》
을 묶어 《기측체의》 9권 5책으로 만들었다. 훗날 이 책을 중국
북경에서 간행했다.

1838년(36세)	9월 《감평(鑑枰)》을 지었다.
1839년(37세)	《의상리수(儀想理數)》를 엮었다.
1841년(39세)	영의정 조인영(趙寅永)의 벼슬 제안을 거절하고, 조인영이 다시 과거를 볼 것을 권했지만 거절했다.
1842년(40세)	2월 《심기도설(心器圖說)》 1책을 지었다.
1843년(41세)	7월 《소차류찬(疏箚類纂)》(상하)을 엮었다.
1850년(48세)	8월 《습산진벌(習算津筏)》 5권 2책을 지었다.
1857년(55세)	5월 《지구전요(地球典要)》 13권 7책을 엮고, 《우주책(宇宙策)》 12권 6책과 11월 《기학(氣學)》 2권을 지었다.
1860년(58세)	《인정(人政)》 25권 12책을 완성하고, 7월 장손 윤행(允行)이 진사시에 합격했다. 11월 《운화측험(運化測驗)》 2권을 지었다.
1862년(60세)	장남 병대(柄大)가 43세의 나이로 문과에 급제했다.
1865년(63세)	9월 15일 부인 박씨가 향년 66세로 서거했다.
1866년(64세)	11월 《신기천험(身機踐驗)》 8권을 지었다.
1867년(65세)	12월 《성기운화(星氣運化)》 12권을 엮었다.
1868년(66세)	10월 《승순사무(承順事務)》 1책을 지었다.
1870년(68세)	4월 《향약추인(鄕約抽人)》 1책을 지었다.

1871년(69세)	5월 신미양요를 당해 강화 진무사 정기원이 그에게 자문을 구하고 대원군의 뜻을 전했으나 신병을 이유로 나가지는 않고, 대신 서한을 주고받았다.
1872년(70세)	통정(通政)에 올라 첨지(僉知) 벼슬을 받았다.
1874년(72세)	8월 장남 병대가 《강관론》을 간행했다.
1876년(74세)	정월 장남 병대가 시국에 관한 상소를 올려 전라도 익산으로 귀양 갔다 그해 5월에 풀려났다.
1877년(75세)	6월 21일 서거했다. 개성 동면 적전리 세곡 선영 아래에 안장되었다.
1892년	대사헌(大司憲) 겸 좨주(祭酒)로 추증되었다.